Spiegelbilder

Theaterstück
in 14 Szenen

Originalausgabe 2015

Urversion aus dem Jahre 2001/ Überarbeitung 2014

© Michael Eisner

Alle Rechte vorbehalten – printed in Deutschland

ISBN 978-3-7347-4409-9

Herstellung und Verlag: BoD - Books on Demand, Norderstedt

Dieses Buch
ist allen freischaffenden Künstlern gewidmet,
die täglich um ihre Kunst kämpfen.

Prolog der Tafelträger an die Person

Die Tafelträger:
Herr Karl (Koarl) und Herr Josef (Peppi).

Diesen beiden Herren, in ihrer typisch blauen Arbeitskleidung, kommt mit dem Tragen der einzelnen Tafeln und der damit verbundenen Ankündigung der nächsten Szene, eine informative Rolle zu. Mit der Ankündigung des nächsten Titels entsteht schon im Vorfeld beim Zuschauer ein inneres Bild, jenes jedoch meistens im tatsächlichen Handlungsablauf gebrochen wird. Somit werden des Öfteren subjektive Erwartungshaltungen des Individuums, also der Person gebrochen. Neue Denkmuster haben die Chance, neue, bzw. schon lange vergessene oder verdrängte Räume im Zuseher zu eröffnen.

Im Idealfall haben die Tafelträger zwei Aufgaben zu erfüllen:

Erstens den Graben zwischen Publikum und Schauspieler zuzuschütten, aufzulockern, indem sie schon zwischen Einlass und Beginn des Stückes etwaige Arbeiten im Zuschauerraum, im besten Fall mit dem Publikum durchführen. (Aufstellen von Stühlen, Tischen usw., je nach Situation) Das Wichtigste aber ist, dass unsere zwei Weltenvermittler zwischen Schauspieler und Zuseher, einen stets freundlichen Optimismus ausstrahlen. Dies wäre dann schon ein erster Schritt der auflockernden Kommunikation miteinander.

Ihre zweite Aufgabe besteht darin, jeweils vor jeder Szene eine große (mind. 2x1 Meter) Tafel quer über die Bühne zu tragen. Auf diesen 14 weißen Tafeln, steht jeweils der mit schwarzer Schrift gefertigte Titel der folgenden Szene.

Sofern Requisiten aufzubauen sind, (außer dem Klavier, siehe Epilog) werden diese vor dem Erscheinen des Herrn Karl und des Herrn Josef auf die Bühne gebracht. Erst danach erscheinen die Tafelträger.

Die Person:
Wie beschrieben, soll jeder Einzelne im Publikum die Gelegenheit bekommen, sich schon subjektiv, noch vor Beginn einer Szene, psychisch auf den jeweiligen Titel, auf das Thema einstellen zu können, sich sozusagen auf das Thema einzudenken. Es soll nach dem visuellen Aufsaugen des Titels, ein Bild in den Köpfen, ein Traum bzw. Albtraum, eben ihr individuelles Bild entstehen. Jeder Einzelne wird sich also in seinen subjektiven, vielleicht schon erstarrten, teilweise von Vorurteilen geprägten, vorschablonisierten Denkraster zurückziehen und den Verlauf der Handlung eh scho wissen, bis er am Ende der Szene merkt, dass er sich getäuscht hat.

Das Leben hat keinen Raster, nur sich selbst, also die nahe, greifbare Wirklichkeit. Das Leben ist eben so wie es ist.

Schau in den Spiegel deiner Seele.

Was siehst du?

Eine Fratze - oder ein Lächeln?

Der Beginn - Szene 1

Der Herr Karl und der Herr Josef, tragen die große Tafel mit der Aufschrift: **Die Einsamkeit**, quer über die Bühne.

1. Einsamkeit

Darsteller: 1 oder 2 Personen (männlich/weiblich)
           1te Person = Die Einsamkeit = Eins.
           2te Person = Das Ich = Ich

Ort: Bühne

Beschreibung: Doppelconférence oder nur 1 Darsteller hebt und senkt im Charakteren Wechsel den Kopf.

Der Darsteller betritt die Bühne.

Eins: Klopf, klopf.
Ich: „Ja bitte - wer ist da?"
Eins: „Die Einsamkeit"
Ich: „Die Einsamkeit? Aber ich habe dich nicht eingeladen!"
Eins: „Das brauchst du nicht."
Ich: „Aber ich lasse dich nicht herein, ätschibätschi."
Eins: „Das brauchst du nicht," geht einen Schritt vor, „ich bin
       schon hier."
Ich: Erschrickt. „Haa - ." Beruhigt sich wieder, fragend. „Was willst
       du von mir?"
Eins: „Dich"
Ich: „Mich? Warum mich?"
Eins: „Einsam ist der einsam denkt
       der sich keine Liebe schenkt
       Der die Zeit nicht mit dem teilt
       das ihm wichtig macht er nichtig
       Der an einem Orte wenn verweilt
       durch seine Blindheit dann bereut
       und nicht fähig den Augenblick

des Glück`s er zu erkennen
um sein Leben muss er rennen
und er läuft und läuft - ist nie daheim
keine Zeit zum Glücklichsein
denn sein Sinn ist Unsinn und sein Leben leer
durch sein Streben fühlt er keine Liebe mehr
Er empfindet es entschwindet
ihm der Sinn des Lebens ganz
durch des falschen Lichtes Glanz
Steht er vor dem Tore dann
sein unnütz Sein dies lacht ihn an
war nie allein - war stets zu zweit -
er - und seine Einsamkeit"

Ich: Nachdenklich. „Aber - ich habe keine Liebe."

Eins: „Dann suche sie."

Ich: „Wo ist die Liebe?"

Eins: Zeigt ins Publikum. „Da draußen."

Ich: Nachdenklich. „Da draußen? - Glaube mir - ich habe sie gesucht - aber ich habe sie nicht gefunden."

Eins: „Dann suche sie da drinnen." Greift sich mit der flachen Hand auf auf die Brust.

Ich: „Da drinnen? - Wo drinnen?"

Eins: „In deinem Herzen."

Ich: Nachdenklich. „In meinem Herzen? - Aber ich habe kein Herz."

Eins: „Jeder hat ein Herz."

Ich: Schüttelt den Kopf. „Nein, nicht ich - ich habe es verloren - da draußen."

Zeigt ins Publikum.

Eins: „Dann hole es dir zurück."

Ich: Resignierend. „Ich habe es versucht - ich kann es nicht mehr finden."

Eins: „Du kannst."

Ich: „Wo?"

Eins: „Denk nach - in einem Herzen, das ich noch nicht besucht habe."

Einsamkeit wendet sich ab, will gehen.

Ich: Hält ihn fest. „Bleib - bleib - wo willst du hin?"

Eins: „Ich verlasse dich."

Ich: „Warum?"

Eins: „Weil ich sehe, dass du mich nicht mehr brauchst."

Ich: „Warum?"

Eins: „Weil ich sehe - in dein Herz."

Das Licht geht aus.

Ende

Szene 2

Die Tafelträger tragen nun die Tafel mit der Aufschrift:
Die Maske, quer über die Bühne.

2. Die Maske

Darsteller: 2 Personen (männlich)
           1te Person = Die Maske = Mask
           2te Person = Das Ich = Ich

Ort: Bühne

Bekleidung: Die Maske: Ganz in schwarz, schwarzer Anzug.
           Das Ich: Leicht bekleidet, am besten nur mit
           Bermudashort und ärmellosem Leiberl.

Beschreibung: >Die Maske< ist ein Synonym für die Maske eines jeden Menschen, die er in der Öffentlichkeit vor sein wahres, sein empfindliches, verletzliches >Ich< stellt. Selbstbewusst, sicheres Auftreten, hart. >Das Ich< versteckt, schützt sich permanent im Kernschatten der (eigenen) Maske. Um diese Aussage zu verstärken, ist eine leichte, verletzliche Kleidung notwendig, um die Angreifbarkeit der empfindlichen, ungeschützten, sozusagen >nackten< Hülle des Ichs hervorzuheben.

Die Maske betritt die Bühne, breit, Charaktere wie oben beschrieben. Dicht hinter ihm, in seinem Schatten, versteckt sich das Ich. (Wird natürlich vom Publikum gesehen. Ist auch so erwünscht)

Mask: „Grüß Gott – liebe Leute."
      Sieht nachdenklich, forschend ins Publikum.
Mask: „Ich habe schon so manchen Kampf durchfochten. Mit so manchen Unbill des Lebens die Klinge gekreuzt. Manchmal habe ich gewonnen - manchmal habe ich verloren und das, ..."
      - dreht sich auf die Seite, zeigt mit einem Finger auf >Das Ich<. Dieses

versucht sich so gut wie möglich im Schatten zu halten -

Mask: „... das bin ich."

Wieder parallel zum Publikum.

Mask: „Wir beide sind wie eineiige Zwillinge, sind blutsverwandt, nichts vermag uns zu trennen. Und sollte es doch einmal passieren - dann sind wir unvollständig, krank - denn einer kann ohne den anderen nicht. Ein halbiertes Ich sozusagen - denn Ich kann ohne mich nicht existieren."

Nachdenklich.

„Es ist schwer zu existieren ohne sein zweites Ich - in dieser Gesellschaft. Und wenn er meint, dass er es probieren müsste, wird ihn die Gesellschaft erst fressen und dann ausspucken. Und nachdem er sich den ganzen Schleim abgewischt hat - sich gereinigt hat – eine Reinkarnation des Ichs sozusagen, wird er sich - mich zulegen. Denn ich bin notwendig, sonst wird er wieder gefressen und ist ganz schleimig." Springt plötzlich nach links, „Hops," und wieder nach rechts, „und hops. Sie sehen es ja selber, wir beide sind unzertrennlich."

Steht wieder ruhig, hält den rechten Zeigefinger vor seinen Mund, Stimme leiser, heimlich.

Mask: „Psst - passen Sie auf - ich zeige Ihnen etwas."

Deutet einen >Rechtssprung< an, springt aber dann überraschend nach links. Das Ich springt natürlich nach rechts, bemerkt seinen Irrtum und kehrt sofort wieder in den Kernschatten zurück. Kurze Pause - dann erlaubt sich die Maske ein kleines Späßchen, springt locker, sportlich links/rechts.

Mask: „He he - und rechts und links."

Bleibt wieder stehen.

Mask: „So, genug herumgehopst. Wichtig ist, einfach nur bei sich selbst zu bleiben - sonst stehe ich einmal ganz alleine da - ohne mich. Dann würde mein Ich ja im Licht stehen, im Rampenlicht des Lebens - ganz ohne Schutz."

Ein Lichtspot wird aufgedreht, die Maske steht jetzt im Rampenlicht. Das >Ich< dahinter, hält sich schützend eine Hand vor.

Mask: „Und zuviel Licht verträgt es nicht - mein Ich." Deutet mit dem Daumen nach hinten. „Dann wäre es ja sichtbarer - angreifbarer - verletzlicher – ohne mich – seinen Schutz." Pause nachdenklich, Blick auf den Boden. Der Spot geht wieder aus, langsam.

Mask: „Unschuldig, durchschaubar wie ein Kind. Ein anderes, fremdes Ich würde seine Schwächen, seine Ängste sofort erkennen und sie zu seinem Vorteil nützen oder es der Lächerlichkeit preisgeben." Fester, bestimmter Blick zum Publikum.

Mask: „Und darum bin ich da. Durch mich, in meine Seele kann niemand schau`n. Denn ich bin stark, undurchdringlich." Und wenn es sein muss, kann ich mich auch verstellen - falsche Tatsachen vortäuschen. Es fällt mir überhaupt nicht schwer etwas darzustellen, das ich gar nicht bin. Eben um größer und stärker zu sein als die anderen Wichte - die anderen Ichs." Geht am Bühnenrand auf und ab, zynisch lächelnd. Das Ich, wie ein treues Hunderl immer in seinem Schatten.

Mask: „Ja - und dann lass ich die Sau raus, zeige ihnen wer der Herr im Haus ist - lass die Puppen tanzen." Stimme etwas lauter, euphorischer, bestätigend, ein kurzes, „Ja." Bleibt stehen, nachdenklich.

Mask: „Das Dumme ist nur - oft will ich das gar nicht. Ich will meinem Ich die Freiheit geben, sich so zu zeigen wie es wirklich ist. - Ich habe sie schon gesehen," - lächelt, „einige befreite Ichs." Dreht sich um, packt mit beiden Händen das Ich, fordert es auf, ruhig stehen zu bleiben, forsch.

Mask: „Bleib stehen!" Dem Ich ist dies natürlich nicht recht. Es ist unruhig, da es nicht

20

mehr im Schatten stehen kann. Die Maske beruhigt es. Das Ich bleibt >ohne Schutz< steif stehen.

Mask: „Beruhige dich, ich pass schon auf dich auf."

Das Ich beruhigt sich, bleibt stehen. Die Maske geht, dem Publikum erklärend, um das Ich herum.

Mask: „Und ich habe ein gutes Ich. Es hat soviel Wärme, so viel Gefühl. Es hat soviel zu bieten was heraus will, was sich zeigen will aber sich nicht traut um nicht verletzt zu werden. Es will andere Ichs erfreuen und damit sich selbst und auch ihnen die Möglichkeit geben, hervorzutreten - ins Licht. Und sei es nur für einen Augenblick. Einen Lidschlag des befreiten Ichs. Ein Augenblick des klaren Sehens, der Ehrlichkeit. Die Gelegenheit zu ergreifen, sich von sich zu befreien, damit das >Gegenüber-Ich< überhaupt die Möglichkeit hat – sein wahres Lächeln wahrzunehmen und um seines zeigen zu können."

Kurze Pause.

Mask: „I had a dream. - Ich träumte ich wäre auf einem Ball. Keinem Maskenball - sondern auf einem Menschenball."

Die Maske stellt sich hinter das Ich und nimmt es entschlossen an beiden Schultern, sieht auf den Bühnenboden, traurig.

Mask: „I had a dream - aber ich weiß - dies wird ein Traum bleiben."

Die Maske legt einen Arm um die Schultern des Ichs. Beide gehen ab. Das Ich mit aufrechtem, die Maske mit gesenktem Blick.

Ende

Szene 3

Da Koarl und da Peppi, tragen die Tafel mit der Aufschrift:
Vorsätze, über die Bühne.

3. Vorsätze

Darsteller: 4 Personen

        1te Person = Franz (Alter ca. 50 Jahre)

        2te Person = Arbeiter = Arb. (männlich/weiblich)

        3te Person = Frau (Alter ca. 50 Jahre)

        4te Person = Mann (Alter ca. 30 Jahre)

Ort: Surrealistische Blumenwiese. Beliebig viele Vasen, die auf der Bühne stehen, jeweils nur mit einer Blume bestückt.

Requisiten: An einigen Stellen Vasen mit Blumen.

Bekleidung: Franz: Schwarzer Anzug, schwarze Krawatte, weißes Hemd, bleich (bzw. blass) geschminkt. (Eine interessante Variante wäre auch weiß geschminkt) Arbeiter: Typisches Arbeiteroutfit, Overall oder Latzhose.
Frau: Schwarze Trauerkleidung mit Gesichts schleier und einem Taschentuch.
Mann: Wie Franz, jedoch ungeschminkt.

Der Franz >schwebt< auf die Bühne, beschwingt, glücklich, locker, eine Blume in der Hand haltend. Er bleibt stehen, riecht an der Blume, saugt förmlich hörbar den Duft ein.

Franz: „Halloo - ich bin der Fraanz. Ist das nicht herrlich hier."
Dreht sich mit weit ausgebreiteten Armen im Kreis, atmet tief durch.
„Mmm - diese Luft – die Natuur, dass ich das nicht schon früher bemerkt hab - dieses Grüün."
Nachdenklich, ernster.
Franz: „Es wird sich jetzt vieles ändern. Ich weiß - ich habe

24

einiges nachzuholen - gutzumachen."

>Pflückt< 2-3 Blumen aus den umstehenden Blumenvasen.

Franz: „Zuerst werde ich meiner Frau einen Strauß Blumen
pflücken. Da freut sie sich immer so. Und weiß Gott, sie
hat sich schon lange nicht mehr gefreut, meine Frau.
Immer nur die Arbeit. Jaa – die Arbeit. Ich hatte nie Zeit
für sie."

Riecht an dem Strauß Blumen.

Franz: „Mmmm - dieser Duft, diese Macht der Natur. Und dann
gehen wir essen. Genau, heute pfeif ich auf die Arbeit,
heute genießen wir uns und einen schönen, roman-
tischen Abend bei Kerzenlicht. Ich werde sie gleich
anrufen."

Sucht mit der freien Hand sein Handy.

Franz: „Ab heute werde ich mir mehr Zeit nehmen, für meine
Frau und auch für mich. Ab heute wird alles ganz an-
ders. Komisch, wo ist mein Handy, das hab ich doch
noch nie vergessen?"

Hört auf zu suchen.

Franz: „Naja, ist ja egal. Und den Wintergarten, den ich ihr
schon lange versprochen habe, bekommt sie auch. Gleich
morgen werde ich alles in die Wege leiten."

Sieht plötzlich in Rtg. Bühnenaufgang.

Franz: „Aaah - da kommt jemand, vielleicht kann mir dieser Herr
sein Telefon borgen."

Der Arbeiter kommt auf die Bühne, die Schaufel in Händen. Er geht
quer über dieselbe. Der Herr Franz wird dabei völlig ignoriert, so als
wäre er gar nicht anwesend, geht wieder ab.

Franz: „Entschuldigen Sie - könnten Sie mir bitte Ihr Handy
einen Moment leihen - Entschuldigung - hallooo ... ?"

Sieht überrascht ins Publikum.

Franz: „Was ist denn mit dem los?" Sieht ihm nach, leicht ärgerlich.

„Ignoriert mich der Kerl einfach, als wäre ich gar nicht
da, als wäre ich Luft."

Sieht dem Arbeiter nach, Stimme leiser. „Proleet."

Beruhigt sich, schaut ins narrische Kastl, nachdenklich.

Franz: „Ja und meine Freundschaften werde ich wieder pflegen.
Freundschaften? - Wann habe ich zuletzt meine Freunde
getroffen? Ich kann mich gar nicht mehr erinnern, das ist
schon so lange her. Berufliche Bekanntschaften habe ich
viele - aber meine Freunde von damals - ich hatte ja
niemals Zeit. Was ist wohl aus ihnen geworden?"

Es reißt ihn aus seiner Lethargie, bestätigend, unterstreichend mit
dem erhobenen Zeigefinger.

Franz: „Aaber das wird sich jetzt ändern, gleich morgen werde
ich sie anrufen."

Klemmt die Blumen unter die Achsel, sucht wieder in seinen Taschen.

Franz: „Die Nummern habe ich mir ja aufgeschrieben -
verdammt, wo ist denn mein Terminplaner?"

Greift sich auf die Stirn, die Blumen fallen unbemerkt auf den Boden.

Franz: „Was ist los mit mir, bin ich krank? Wo ist mein zweites
Hirn - mein Filofax - hab ich das wo liegenlassen?"

Sieht wieder ins Publikum.

Franz: „Ich glaub, ich bin ein wenig überarbeitet, ich muss mich
mehr schonen, etwas kürzer treten – ein, zwei Gänge
zurückschalten."

Nachdenklich, bestätigend, unterstreichend.

Franz: „Genau, jetzt ist es Zeit, jetzt werde ich in meinem
Leben so einiges ändern. Ab morgen werde ich meine
Arbeit delegieren."

Lacht, ist frohen Mutes, ausgelassen.

Franz: „Es wird Zeit der Jugend den Vortritt zu lassen. Soll
mein Sohn zeigen, was er all die Jahre bei mir gelernt
hat. Jetzt gebe ich ihm die Chance, auf die er schon so

lange gewartet hat."

Wiegt den Kopf hin und her.

Franz: „Naja, nicht alles auf einmal, aber so stückchenweise darf er in meine Fußstapfen treten. Ja."

Nickt, seinen Entschluss unterstreichend.

Franz: „Bis er sie ausfüllt - und wenn er fest darin verankert ist, mit seinem Herzen und seinem Wissen, dann - jaa dann kann er meinetwegen die Firma übernehmen. Und ich werde mich langsam aus der Firma zurückziehen - auf den Golfplatz, ins Theater ... „

Holt wieder tief Luft, sieht auf den Boden, entdeckt die Blumen.

Franz: „Mmm diese Luft - aah meine Blumen."

Sammelt sie auf, hat's eilig.

Franz: „Auf Wiedersehen - ich muss jetzt gehen. Da wird sich meine Frau aber freuen, wenn ich heute schon früher nach Hause komme - und erst wenn ich ihr meinen Entschluss mitteile." Riecht an den Blumen, „mmm - und über die Blumen auch."

Dreht sich noch im Abgehen.

Franz: „Also auf Wiedersehen. Vielleicht sehen wir uns einmal auf dem Golfplatz."

Franz geht ab.

Ein leichtes Schluchzen ist zu hören. Mann und Frau betreten die Bühne. Der Mann muss die Frau stützen, diese gebraucht rege ihr Taschentuch. Während des Dialogs queren sie beide langsam die Bühne.

Mann: „Du brauchst nicht traurig sein Mutter, ich kümmere mich schon um alles." Stolz. „Ich werde meinen Vater würdig vertreten."

Schluchzend, tränenerstickte Stimme.

Frau: „Waarum - warum hat er uns so früh verlassen müssen?"

Mann: Tröstend. „Keine Sorge Mutter, ich ..."

Wird von seinem klingelnden Handy unterbrochen. Dreht sich ein wenig von Mutter weg in Rtg. Publikum.

Mann: „Ja bitte? - Frau Müller nicht jetzt - jaa ich weiß, die Vorstandsitzung. Ich bin mitten auf der Beerdigung meines Vaters." Sieht auf seine Armbanduhr. „Warten Sie - jetzt ist es 15 Uhr 10 ... passen Sie auf - ‚" sieht in die Luft, Augen zusammengekniffen, nachdenklich, „wir sind gleich beim Auto - ich ruf Sie in 10 Minuten wieder zurück?"
Steckt sein Handy wieder ein. Beide bleiben stehen, die Mutter nimmt mit beiden Händen das Gesicht ihres Sohnes, knuddelt ihn, verzweifelt.

Frau: „Aber wenigstens hab ich dich noch, sonst wüsst ich nimmer weiter."
Beide erreichen den Bühnenabgang auf der anderen Seite.

Mann: „Ja Mutter ..."
Beide verlassen die Bühne. Die folgende Aussage wird immer leiser, die letzten Worte sind vom Publikum nur mehr leise zu hören.

Mann: „... du brauchst dir keine Sorgen zu machen - ich werde mich schon um alles kümmern."

Das Licht geht langsam aus.

Ende

Szene 4

Der Herr Karl und der Herr Josef, tragen die Tafel mit der
Aufschrift: **Der Käfig**, über die Bühne.

4. Der Käfig

Darsteller: 1 Person oder
            1 Person und 1 Stimme
            1te Person = (Das) Ich (männlich)
            2te Person (Stimme der Puppe, männlich/weiblich)

Ort: Bühne

Requisiten: 1 selbststehendes Gitter, mindestens 2 Meter hoch
und mindestens 1 Meter breit, 1 Puppe, 1 größerer
Spiegel, 1 schwarzes oder 1 weißes Tuch, 1 Sessel.

Beschreibung: Das Gitter steht annähernd im rechten Winkel
zum Publikum. Hinter diesem, außerhalb der Reichweite des
Darstellers, sitzt die Puppe auf dem Sessel. Der Spiegel (je nach
Größe) befindet sich auf dem Schoß der Puppe oder er steht auf
dem Boden. Alles wird mit dem Sessel zur Gänze mit dem Tuch
verdeckt.
Bei Darstellung mit nur einer Person dreht sich der Schauspieler bei der Darstellung mit verstellter Stimme, mit dem Rücken
zum Publikum und spricht zwischendurch den Part der
„Stimme". Die Kommunikation findet zwischen dem „Ich" und
der verhüllten „Puppe", die sich hinter dem Gitter befindet,
statt.

Ich: Rüttelt am Gitter. „Lass mich raus, lasst mich hier raus."
Stimme: „Nein!"
Ich: Hält das Gitter noch immer fest, resignierender. „Warum lässt
mich hier keiner raus?"
Stimme: „Weil du Schuld auf dich geladen hast."
Ich: „Schuld? Ich?? Welche Schuld?"

Stimme: „Schweig du Wicht! Waarum bist du nicht fähig zu
lieben?"

Ich: Erstaunt, verwirrt. „Zu lieben? Was heißt zu lieben - ich
verstehe nicht?"

Stimme: „Wer nimmt dich in die Arme, wenn du wie ausge-
spuckt nach Hause kommst? Wer kratzt dein verlor-
enes Selbstbewusstsein wieder von der Straße und
schenkt dir Liebe - ganz selbstlos, ganz selbstver-
ständlich. Und was gibst du ihr, du Kotzbrocken?
Etwa Zeit - oder Wärme - neeein. Die Zeit verbringst
du mit deinen sogenannten Freunden und was Wärme
ist, weißt du nicht einmal. Wie auch, hast sie außer
durch deine Frau ja nie selbst erlebt."

Ich: Überrascht."Was soll das? Das geht Sie überhaupt nichts
an, wen oder was ich liebe."

Stimme: „Da irrst du mein Lieber - ICH weiß wen du liebst –
DICH!"

Ich: „Ja und? Wenn es so wäre, geht Sie das überhaupt
nichts an und ist noch lange kein Grund mich hier
einzusperren."

Stimme: Verächtlich. „Ha - dich hier einzusperren. Nicht ich habe
dich hier eingesperrt."

Ich: „Was heißt das nun wieder? >Ich habe dich hier nicht
eingesperrt<, sind Sie verrückt." Rüttelt am Gitter. „Ich
will hier raauus."

Stimme: „Du willst hier raus. Dann geh doch."

Ich: Läuft auf und ab, schüttelt den Kopf. „Wie? Ich soll gehen?
Ich habe keinen Schlüssel."

Stimme: „Doch, den hast du."

Ich: „Also doch ein Verrückter. Hilfe, Hiilfee, Polizei - hört
mich hier jemand?"

Stimme: „Ja schrei du nur - lauter - laauuteer. Desto lauter du schreist, desto weniger wird man dich verstehen - du Wicht.Dein Schrei verhallt im Nichts." Lacht laut, leicht irre. „Ha ha ha ..."

Ich: Hält sich an den Gitterstäben an, leicht resignierend. „Also doch ein Irrer, ein Wahnsinniger." Rutscht die Gitterstäbe haltend auf die Knie, jammernd. „Mein Gott, was soll nur aus mir werden?"

Stimme: „Lass Gott aus dem Spiel und benimm dich endlich wie ein Mann. Steh auf du Wicht!"

Ich: Noch auf den Knien. „Lass mich in Ruhe!"

Stimme: „Dann bleib im Dreck liegen."

Ich: Steht auf, wütend. „Komm schon - komm - mach mich fertig. Jetzt - worauf wartest du - mach Schluss - oder willst du mich hier verrecken lassen?"

Stimme: „Warum bist du nicht fähig zu lieben? Ich glaube an dich!"

Ich: „Du Irrer, lass mich in Ruhe - lieb dich selbst!" Pose mit gestrecktem Mittelfinger.

Stimme: „Wann hast du zuletzt einem fremden Menschen ein Lächeln geschenkt - nur eines - ein kleines? An das er sich anhalten konnte, einen ganzen Tag lang. Wann hast du dich zuletzt mit einem Menschen unterhalten? Mit einem Ausgestoßenen, dem man ansah, dass es ihm dreckig ging. Wann hast du ihn unterstützt? Nicht nur mit Geld, sondern mit Zuwendung mit Mitgefühl.
Kannst du dich daran erinnern - du Wicht - du ....?"

Ich: Unterbrechend, protestierend. „Das stimmt nicht, ich ..."

Stimme: Forsch. „Unterbrich mich nicht du Wicht, das ist deine allerletzte Chance. Erinnere dich an die Kälte.
Erinnerst du dich an diese Kälte, die dein Herz erobert hat?"

Die Stimme beruhigt sich wieder langsam, nachdenklich.

„Dein Herz, mein Herz. Kehre um, bevor es zu spät ist. Lerne dich zu lieben, dann kannst du auch andere lieben."

Ich: „Also doch ein Irrer."

Stimme: Sanft. „Mein Freund, zersprenge das Eis - taue es auf - lache - liebe - weine. Schenke dir und anderen ... Zeit."

Ich: „Zeit ist Geld."

Stimme: „Du hast mich gefragt, wo der Schlüssel ist. Adäquate Pause Du bist der Schlüssel." Die Stimme wird leiser und leiser. „Kehre um mein Freund," die Stimme ist kaum hörbar, „kehre um!"

Ich: „Bleib hier, rede mit mir, geh nicht fort. Du kannst mich doch jetzt nicht alleine lassen."

Geht nervös vor dem Gitter hin und her, geht plötzlich um das Gitter herum und bleibt vor der noch verhüllten Puppe stehen, starrt sie an.

Ich: „Verdammt - wer bist du überhaupt?"

Reißt das Tuch (vorsichtig) herunter - erschrickt, taumelt einen Schritt zurück, sieht erstaunt in den Spiegel. Deutet mit dem Zeigefinger darauf ...

Ich: „Das – das bin ja ich!"

Das Licht geht aus.

Ende

Szene 5

Der Herr Karl und der Herr Josef, tragen die große, schwere
Tafel mit der Aufschrift: **Der Schraubstock**, über die Bühne.

5. Der Schraubstock

Darsteller: 1 Person (männlich/weiblich) = Es

Ort: Psychiatrie

Requisiten: 1stabiler Holzsessel (alter Schulsessel), 1 Wecker,
   1 Blume (Kunstsonnenblume, klein)

Beschreibung: Der Schauspieler mimt einen Irren. Die Konversation ist teilweise etwas konfus aber beabsichtigt. Die darstellerischen Aspekte treten hier neben dem Text etwas mehr in den Vordergrund.

„Es" betritt die Bühne. Er/Sie lächelt stärker, als dies der Norm entsprechen würde. Es ist ihm/ihr aber noch nicht anzumerken, dass er/sie wahnsinnig ist.

Es: „Griaß eich - i bin es."
   Mimik wechselt ständig, je nach Gefühlslage.
Es: „Wie geht`s euch? Schön is heute."
   Schlägt sich plötzlich und unerwartet mit der flachen Hand hörbar-klatschend, zwei-dreimal auf den Kopf.
Es: Blickt kurz irre, räuspert sich. „I hob an Schraubstock im Hirn."
   Lächelt wieder ins Publikum.
Es: „Schön is heute." Starrt plötzlich ins Nichts. „Wichtig ist, dassd g`sund bist, dassd glücklich bist. Aber man kann nicht glücklich sein, wenn man nicht g`sund ist."
   Nimmt die Blume aus der Sakkotasche, schaut sie an, lächelt, riecht daran und steckt sie in den Sakkoaufschlag. Stöhnt laut auf.
Es: „Aahh..." Hält beide Hände über`s Gesicht. „I hob an Schraubstock im Hirn und des schraubt und schraubt - ziagt immer fester

38

zu-aahhh- , I hoit des nimma aus."

Plötzlich wieder ganz normal.

Es: „Hallo - wie geht`s euch? I hoff es geht euch gut - so wie mir." *Nimmt die Blume aus dem Knopfloch, riecht daran, zeigt sie her.* „Ist sie nicht schön."

Lächelt wieder. Plötzlich spuckt er aus und geht in Boxstellung.

Es: „Komm her du Sau - greif mich nicht an - sonst bring ich dich um!"

Schlägt wild um sich, bricht zusammen, wälzt sich am Boden.

Es: „Aaahh - jetzt zieht er wieder fest zu - der Schraubstock im Hirn - aaahh."

Springt auf, lacht.

Es: „Hahahaha ...," *hohe Stimme,* „fragt das Rotkäppchen den großen böösseen Wolf. Waaruum hast du so große Augen? Sagt der Wolf," *tiefere Stimme,* „net amoi beim Scheißen hot ma a Rouah - hahahahahaha ....."

Geht vor Lachen in die Knie, rappelt sich wieder auf. Plötzlich wieder ernst, jedoch ruhig.

Es: „Ihr müssts wissen, wenn i glaubt hab, dass ich was Gutes g`macht hab, dass man darauf stolz sein kann - und ich war stolz."

Windet sich leicht, presst mit beiden Händen den Kopf zusammen.

Es: „Dann - dann hat der Schraubstock in meinem Hirn zuge-schraubt und zugeschraubt. Egal! Ich hab machen können was ich wollen hab, es war nichts gut genug für ihn. Immer wenn ich mich gfreut hab, weil ich was gschafft hab, hat er zugschraubt - aah - und zugschraubt."

Wieder ganz ruhig, lächelt wie ein Kind, nimmt wieder die Blume wie ein Kind, naiv und voller Gefühl.

Es: „Die Blume ist der Freundschaft gleich -
sie lebt und ist an Schönheit reich.

Auch hat man wenig Zeit -
sie dankt mit Blütenpracht - gib Acht -
denn zeigt man ihr die Freundschaft nicht, es muss so sein
dann ist sie traurig - und geht ein."

Nachdenkliche Pause, erzählend.

Es: „Ich bin beim Klavier gesessen ‚..."

Setzt sich auf den Stuhl und winkelt die Unterarme an und spielt in der Luft Klavier.

Es: „Ich habe mich bemüht und lange, lange geübt - und ich hab`s vorgespielt." Atmet tief durch, stolz. „Ein Präludium vom Johann Sebastian Bach." Hält plötzlich inne, zitiert schnell. „Johann Sebastian Bach, geboren am 21. März 1685 in Eisenach - gestorben am 28. Juli 1750 in Leipzig."

Wieder leicht, locker, freundlich, spielt wieder Luftklavier.

Es: „Und ich war stolz auf mich, sehr stolz auf mich - sehr stolz - und dann war er wieder da - aahh," windet sich, „der Schraubstock."

Hört auf sich zu winden und lacht lange, laut und irre.

Es: „Haa ha ha ha hah ah ha....."

Beruhigt sich wieder, bleibt ruhig, erzählend, resignierend.

Es: „Egal was ich g`macht hab - zwecklos - er hat gschraubt und gschraubt - fest zusammengezogen."

Sieht Richtung Publikum, ins Narrenkastl. Plötzlich läutet der Wecker in seiner Sakkotasche (kann man selbst auslösen), nestelt diesen nervös aus der Tasche, dreht ihn ab, wirkt sehr nervös, sehr ängstlich, er blickt ängstlich um sich.

Es: „Nein - neein - es ist Zeit - jetzt - jetzt kommt er mich besuchen - der Schraubstock."

Springt auf, versteckt sich hinter dem Sessel, nimmt den Sessel und hält ihn schützend vor sich - sticht rundherum ins Leere.

Es: „Nein - nein - ich will nicht - lasst mich in Ruhe - ich bin hier glücklich - alleine." Schreit. „Lasst mich in Ruhe - geht weg - weeegg!"

Beruhigt sich wieder, stellt den Sessel wieder hin, setzt sich darauf, mit dem Rücken zum Publikum, umschließt mit seinen Armen die Lehne, verzweifelt schluchzend.

Es: „Lasst mich in Ruhe - lasst mich doch endlich in Ruhe - geh weg!"

Beruhigt sich wieder, steht auf, dreht sich zum Publikum.

Er: „Nie hat er mir auf die Schulter geklopft."

Baut sich mit stolzgeschwellter Brust auf, klopft mit halb ausgestrecktem Arm in`s Leere, tiefere Stimme, selbstbewusst.

Es: „Das hast du gut gemacht," sackt in sich zusammen, trotzig wie ein Kind, „- nie waren sie da. Der Schraubstock hat immer nur geschraubt und geschraubt."

Schraubt in der Luft mit einem imaginären großen Bohrer ein Loch in die Bühnenbretter, schraubt weiter, irrsinnig, trotzig.

Es: „So, jetzt zeig ich`s dir - geschraubt und geschraubt."

Pause - Stille, verschmitztes Lächeln, wie wenn er es als Kind erzählen würde, naiv-kindlich, hockerlt sich auf den Sessel.

Es: „Ja und eines Tages - ich habs nicht mehr ausgehalten - ich stand am Fensterbrett und wollte springen. Aus dem vierten Stock. Ich hockte schon auf der weißen Fensterbank und wollte springen - auf der weißen Fensterbank - und der Schraubstock - na spring doch - spring." Nachdenklich. „Ich sah runter," sieht runter auf den Boden, „- und ich hab nicht einmal das geschafft - war zu feig." Sieht wieder ins Publikum." Ich sah runter und stellte mir vor, wie mein Körper auf dem flachen Blechdach aufschlagen wird - plaatsch - es hatte nicht viel gefehlt – aber plötzlich - „

Hüpft vom Sessel herunter, steht da mit offenem Mund.

Es: „Plötzlich war er weg - der Schraubstock. Weg war er weeeg - er hat mir nichts mehr antun können." Irres Lachen.

„Hahahaha ....“

Lacht, verschluckt sich, hustet. Fällt plötzlich und unerwartet auf die Knie (Rtg. Publikum), streckt langsam die Arme nach vor, wie ein Kind - mit großen, runden, unschuldigen, (wenn möglich) tränenden Augen.

Spucke quillt aus seinem Mund.

Es: „Ich hab euch doch lieb!“

Das Licht geht langsam aus.

„Es“ fällt auf die Knie, schlägt die Hände über das Gesicht und schreit so laut wie möglich.

„N e e e e e i i i i i n.....!“

Ende

Szene 6

Der Herr Karl und der Herr Josef, tragen die Tafel mit der
Aufschrift: **No Fear**, über die Bühne.

6. No Fear

Darsteller: 2 Personen
          1te Person = Franz
          2te Person = Mann

Ort: Bühne

Requisiten: 1 stabiler Holzsessel, 1 Stofftaschentuch,
          1 Schlüsselbund, 1 Aufkleber <No Fear>.

Bekleidung: Franz. Nach Belieben
          2te Person, weißes Leiberl, weiße Hose, weiße Schuhe
          (Schlapfen)

Charaktere: Franz: Einfache gerade Denkweise, Macho, hohl,
          aggressiv, Prolo.

Der Franz schlendert auf die Bühne in Rtg. Sessel, der sich mittig auf jener befindet. Beide Hände in den Hosentaschen. Der Zuschauer soll den Eindruck bekommen, dass es sich hier nicht um einen Sessel, sondern um sein heiß geliebtes Auto handelt. Er bleibt ca. 1 Meter vor dem Sessel stehen, sieht gebannt auf einen Punkt.

Franz: Weinerlich, aggressiv. „Na geeh - so a Schaaß - scho wieda augschiss`n. Waun i den Vogl dawisch - is a paniert - des Gfrastsackl.“
Sieht ins Publikum.

Franz: „I was net warum - oba imma is meei Auto augschiss`n. Waun mir ana am Schädl scheißt, is ma des wuarscht, doann fliagt a aus`n Gwoand, ohne Fohrschein. Oba

46

wenn ma ana mein Golf GTI augreift," stellt dies mit beiden Händen mimisch dar, breitbeinig, lauter," doann reiß i eam in Schädl obe und scheiß eam in Hois.„ Sieht hinauf. „Oiso kumm oba du Brothendl und stö di."

Wendet sich dem Publikum zu.

Franz: „Do wüst mit an schenan, an putzt`n GTI ins Grüne foarn - oiso auf an Ölwechsl hoit." Lächelnd, träumerisch. „Weu in da Natur is die Luft scho besser." Atmet tief ein. „Und die Vogerln tuan so zwitschern, des is scho liab - da geht an direkt des Herz auf. Do is net so dreckig wia in da Stodt. Do schmeiß`ns jo scho die Papierl, die Tschik beim Fenster auße - die Drottln. I man i tät des net moch`n - außer es is hoit in da Gach`n ka Mistkibl bei da Hoand. Oba doann sans jo söba schuid – net?"

Geht zum Heck seines <Autos>, bleibt stehen, stolz. Blick ins Publikum.

Franz: „Do - do schauens." Streicht über einen kleinen Teil der imaginären Heckscheibe. „I hob ma so a Pickerl kauft und do draufpickt. NO FEAR - des is englisch oder so ähnlich, hot a Haberer gsogt - und haaßt - ka Oangst. Erst hob i oandere ghobt <Da Wörthersee ruuuft> - oda <Ich brem se auch für Biere>. Oba die hob i obekrotzt, sunst hätt ma vielleicht übaseng, doss i ka Oangst hob - oaso eben ka <No fear> hob."

Baut sich auf, setzt sich in Szene.

Franz: „Und i bin da Froanz und i hob ka Oangst - vur niemand. Und damit des glei a jeda waß, hob i ma des Pickerl aufepickt. Also ich meine - da hab ich mir den Aufkleber hinaufgepickt. Weu da Froanz hot ka Oangst - höchstens vor sich söba - wenn i mi im Spiegel schau - hahaha - des woar a klana Scherz. I bin nämlich a Scherzkeks, hahaha ... ." Ernst. „Oba Oangst hob i kane. Na na - da

Froanz net und dos a jeda waß - pickts jetzt do." Herzlich,
„Meei Pickerl - ha - meei Noo Feaa."

Nimmt sein Taschentuch und streicht liebevoll darüber, leicht lächelnd.
lächelnd. Geht um das Auto herum zur Fahrerseite, nimmt den
Schlüsselbund heraus, sperrt auf, Tür auf, setzt sich (auf den Sessel),
Tür zu, steckt den Schlüsselbund ein. Streicht mit einer Hand liebevoll über das Lenkrad.

Franz: „Mei GTI." Nachdenklich. „Du bist da Anzige, der ma imma
treu blieben is."

Greift nach links oben zum Gurt, hält inne.

Franz: „Oba scheiß drauf, a Gurt is wos für Wappla, mir passiert
eh nix, da Fraanz mocht kane Föhla."

Startet, fährt los. (Das Lenkrad halten und die Gangschaltung nicht
vergessen) Kavalierstart, es drückt den Fraaanz in den Sessel, seinen
Kopf wirft es nach hinten.

Franz: „Bruum. Oida - der geht weg wia a Sau." Dreht plötzlich
seinen Kopf auf die linke Seite. „Woos hupstn du Drottl,
koannst net schaun, siechst net, doss i ausefoahrn
wü ... so a Koffer!"

Er bremst (Ampel), der Oberkörper geht leicht nach vor und wieder
zurück. Der Franz kurbelt die Seitenscheibe herunter, legt seinen
linken Ellenbogen auf die offene Tür, (solange es die Kräfte zulassen)
nervöser.

Franz: „No wos is - warum wirds net grün? Hom ma an Strom
ausfoi oda hot die Oampel Oitsheimer ha ha ha - . Drum
hots a vagessen zum umschoiten, ha ha ha." Sieht fragend
ins Publikum. „Vastengans den Zusammenhang - Oampel -
Oitsheimer - jo jo da Franzi, a Scherzkeks."

Dreht sich plötzlich um, Stimme lauter. Der linke Arm kehrt zurück
ins Fahrzeuginnere. Sieht in den imaginären Rückspiegel, richtet ihn
mit einer Hand zurecht.

Franz: „Wos is`n - warum hupstn, du Doim?"

Tritt auf das Kupplungspedal, legt den Gang ein, fährt weg, wieder leiser, vor sich hin murmelnd.

Franz: „Nur weu grün is, hupt der Trott'l. I hob`s e gseng. I bin jo net schaßaugat."

Tippt mit den Fingern am Lenkrad herum, sieht sich in der Gegend um, pfeift leise vor sich hin, cool, gaaanz locker. Plötzlich bremst er, fällt nach vor, haut sich den Kopf an der Scheibe an, greift sich auf die Stirn.

Franz: „Auuua - jetzt hob i ma in Schäd'l aukaut. Trott'l, koannst net aufpassen?

Homs des gseng - hooms dees gseeng - foahrt afoch auße und schaut net." Etwas ruhiger. „Wissens, i bin eigentlich a beherrschta, freindlicha, gemütlicha Mensch - oba bei so an Drottl koannst jo net ruhig bleiben – do vagiß i, dass i a Pazi bin – oiso a –fist. Naa, i pock eam net – auua!"

Greift sich auf die Stirn, danach hält er wieder mit beiden Händen das Lenkrad fest, nervös, hektisch, blickt angestrengt nach vorne, fährt weiter.

Franz: „Schau`ns ihnan des au - schaauu`ns." Nervös, ungeduldig. „Na kumm Opa - moch - moch."

Greift sich wieder auf`s Hirn, spöttisch.

Franz: „Meein Gott - jetzt foahrt a an 30ger-40ger. Pass auf, dosd` net aus der Kurvn fliagst."

Wird lauter, aggressiver, schlägt mit einer Hand auf`s Lenkrad.

Franz: „Gib Gummi Oida - fooaahr - sunst wer i a Viech!"

Reißt das Lenkrad links - rechts, hält es mit beiden Händen und gibt kräftig Gas, es drückt ihn wieder zurück in den Sitz. Auf einmal reißt er entsetzt die Augen auf, verkrampft sich, zittert (deutlich) und schreit.

Franz: „Aaaaahh… „

Der Franz rutscht vom Sessel auf die Knie, kauert sich zusammen. Seine Arme umschließen seinen eingezogenen, auf dem Boden befindlichen Kopf. (Eine knieende oder kauernde Position ist auch möglich) Bleibt still und bewegungslos auf dem Bühnenboden liegen. Stille.

Ein in weiß gekleideter Mann betritt die Bühne.

Mann: „Aaah - da is er ja!"

Geht zu dem noch am Boden Kauernden. Der Franz bleibt bewegungslos liegen. Der Mann geht in die Hocke und legt freundlich, vorsichtig eine Handfläche auf seine Schulter.

Mann: „Komm Franz - steh auf - brauchst ja ka Angst mehr haben."

Greift in eine Tasche, holt einen Aufkleber heraus.

Mann: „Schau - ich hab dir auch dein Lieblingspickerl mitgebracht - No Fear, Franz!"

Franz sieht langsam, zögernd auf. Ruhig, apathisch, starrer Blick. Er nimmt langsam den ihm dargebotenen Aufkleber an sich. Hält diesen mit beiden Händen links und rechts. Sein Blick fixiert denselben. Der Franz steht mit der Hilfe des Pflegers langsam, schwerfällig, gebrochen auf. Der Pfleger legt einen Arm um die Schulter des Franz, wie einem Freund. Franz hält noch immer den Aufkleber mit beiden Händen fest und starrt darauf.

Mann: „Weißt du Franz - du musst dich deiner Angst nur stellen ...

- der Pfleger streckt langsam, in einer runden Bewegung, den anderen Arm schräg in die Höhe, wie wenn er einem Vogel folgen würde. Beide sehen langsam diesem imaginären Vogel nach - ...

Mann: „... und dann wird sie fortfliegen - die Angst - wie ein Vogerl."

Beide sehen dem Vogerl noch kurze Zeit nach. Beide gehen ab. Der (psychisch) unterstützende Arm bleibt um den Schultergürtel liegen. Während des Abganges geht langsam das Licht aus.

Ende

Szene 7

Der Herr Karl und der Herr Josef kommen wieder, diesmal
etwas hektischer mit der Tafel: **Das Foto**, auf die Bühne.
Der Herr Karl stolpert und lässt die Tafel fast fallen.
Karl: „Renn net aso!"
Gehen ab.

7. Das Foto

Darsteller: 1 Person = Oma

Ort: Wohnzimmer

Requisiten: 1 Sofa, 1 Kommode, 1 Fernseher, 1 Fernbedienung
für den Fernseher, 1 Revolver.

Beschreibung: Eine liebe, alte Oma sitzt in der Haushaltsschürze
mit gemütlichen Stoffpantoffeln in ihrem gemütlichen Sofa, bei
laufendem Fernsehgerät und erzählt aus ihrem Leben.

Beginn der Szene. Die Requisiten stehen auf der Bühne im Halb-
dunkeln. Die Oma schlapft herein, schaltet den Fernseher an und
setzt sich. Nur das Licht des TV-Gerätes erhellt den Raum. (Wenn
zu wenig Licht vorhanden ist, kann man ja mit kaltem Licht
etwas nachhelfen)

Die Oma sitzt im Sessel und sieht TV.

Oma: „Jaa ja - des hätt`s damals nicht geb`n, dass ich hier so
gemütlich sitzen kann."
Seufzer

Oma: „Damals, als mein lieber Mann noch gelebt hat - da hat`s
das nicht geben. Schwärmerisch Aber wie waren wir glücklich, wir zwei." Schüttelt lächelnd ihren Kopf. „Soo glücklich.
Damals, wie mein Mann vom Krieg zaus kommen ist."
Greift in eine Tasche des Kittels und holt ein altes Foto heraus, sieht
es liebevoll an.

Oma: „Mein Gott, war das eine schöne Zeit," sieht in Erinnerungen
schwelgend auf`s Foto. „Wir hatten nichts, es gab ja nichts -

54

außer uns."

Lächelt zufrieden. Hält das Foto zum Publikum.

Oma: „Schauns - da schauns, das ist der Hermann," *zeigt auf eine Person auf dem Foto,* „mein Mann, als noch jung war. Ist er nicht fesch in seiner Uniform? Feldwebel war er, der Hermann."

Dreht es wieder zu sich, sieht es an und wieder zum Publikum.

Oma: „Er war bei den Pionieren, das waren die ärmsten Schweine."

Seufzer

Oma: „Aber der Hermann, mein Mann, der hat Glück gehabt. Der ist rechtzeitig aus Russland herausgekommen. Den hat ein Granatsplitter fast einen Arm weggerissen." *Sinnierend.* „Ja - ja aber das macht ja nichts, er hat in seinem Leben immer einen zweiten Arm gehabt, mich - mein Hermann."

Reißt sich vom Foto wieder los, steckt es ein, dreht sich wieder zum Publikum.

Oma: „Aber was red ich. Wir waren alle froh, dass er nach Haus gekommen ist. Ich und der Kleine." *Still, sinnierend.* „War schon schwer damals." *Fasst sich wieder.* „Aber nach der schlimmsten Zeit, nach dem schrecklichen Krieg - da haben wir Glück gehabt. Wir haben unsere erste, eigene Wohnung bekommen. Es war ja nicht mehr auszuhalten, wir hatten nichts damals - nichts. Da haben zwei, drei Familien in einer Wohnung, was heißt Wohnung, in einem Teil einer zerstörten Etage gehaust."

Wieder nachdenklich.

Oma: „Aber was red ich, da hats viele Menschen gegeben, die haben nicht einmal das gehabt."

„Hm...". *Lächelt auf einmal schelmisch.*

Oma: „Da hast du dich des Abends mit deinem Mann ins Bett

gelegt - und eines Morgens - ich wachte noch verschlafen auf, drehte mich um und wollte mich an meinen Hermann kuscheln, es war ja immer kalt, wir hatten nichts zu heizen - und -," lächelt verschmitzt, „also ich nahm ihn - und als ich die Augen aufmachte, hielt ich einen fremden Mann im Arm. - Also ihn hat`s, glaub ich, nicht gestört - aber mich. So schnell war ich noch nie aus dem Bett draußen. Sie müssen wissen, damals wenn einer aufgestanden und arbeiten gegangen ist, sofern er natürlich eine Arbeit hatte, hat sich der nächste ins Bett gelegt. Es gab damals nichts. Und ich - ganz unschuldig - ja und ich hab so fest geschlafen - ich hab`s nicht bemerkt." Seufzend, „ ja - ja."

Nimmt nachdenklich wieder das Foto aus der Schürze, sieht es liebevoll an, berührt es mit zitternden Fingerspitzen. „Der Hermann." Steckt es ein.

Oma: Stolz „Also da haben wir unsere kleine eigene Wohnung bekommen. War schon dringend notwendig, es ist ja wieder etwas nachgekommen - was Kleines." Lächelt. „Zu viert ist es nicht mehr, dort wo wir waren gegangen. Und eines Tages, der Hermann kam von der Arbeit zurück."
Pause.

„Eigentlich weiß ich bis heute nicht, was er für Arbeit hatte, aber er hat uns aber immer viele gute Sachen mitgebracht. Für uns selber und zum Tauschen, weil Geld war ja wertlos. Man brauchte kein Geld, sondern etwas zu Essen und Kleidung."

Reißt sich von ihren Gedanken wieder los.

Oma: „Und - also - da ist eines Tages der Hermann nach Haus gekommen, er hat ja soo viele Leute gekannt. Also er kommt die Stiegen herauf und der Kleine, unser Hansi hat schon bei der Tür auf den Papa gewartet. Weil er hat ab und zu was bekommen. Ein Stück Schokolade von den GI-Is, also den Amerikanern oder was anderes ...

Naja wie gesagt, der Hermann kommt zur Tür herein, stellt seine braune Rindsledertasche auf den Boden, kommt zu mir und nimmt mich in den Arm. Dann lächelte er mich an und sagte, Schweindi..."

Oma unterbricht plötzlich, verlegen, hält sich die Hand vor den Mund.

Oma: „Ups - jetzt hab ich Schweindi gesagt - naja, dass gehört jetzt nicht hierher."

Verschmitztes Lächeln, sieht in`s sogenannte narrische Kastl.

Oma: „Da Hermann war ja schon sehr fleißig," leiser, dreht sich verlegen etwas beiseite, „nicht nur in der Arbeit."

Fasst sich wieder.

Oma: „Du - ah ...Mutti komm, hat er gsagt - pack ma zamm, wir ham eine eigene Wohnung. Ich hab`s gar nicht glauben können weil, ha ha ... weil der Hermann hat manchmal so dumme Scherze gemacht. Und dann hat er mich und die Kinder gschnappt und wir sind in unsere erste gemeinsame Wohnung gegangen. Die Kinder, der Papa und ich. - Viel tragen haben wir ja nicht brauchen."

Blick auf den Boden.

Oma: „Naja, aber das macht ja nichts - schön ham wir`s g`habt. Jeder hat ein Zimmer gehabt. Da Papa und ich - und die Kinder. Und eine Bassena am Gang haben wir auch gehabt. Das war damals richtig modern. Das waren noch Zeiten, nicht wie heute, wo jeder eine Einbauküche hat - und eine Waschmaschine und einen Geschirrspüler und dieses Microwellen Dingsbums, wo`st nicht einmal ein gscheites Reindl reinstellen kannst, weils sonst explodiert."

Ruhiger, nachdenklicher.

Oma: „Explodiert is nicht, aber böse war`s schon ein bisserl - die Waltraud - meine Tochter. Wann kommt`s mich wieder besuchen?"

Fängt sich wieder, lächelt.

Oma: „Aber schön war`s. Da Hermann hat dann später eine richtige Stelle bekommen. Was Bodenständiges, weil auf einmal hat er mit seinen Geschäften, wie er gesagt hat, aufhören müssen. Von einem Tag zum anderen. Da haben wir uns halt durchwursteln müssen, wie viele andere auch Da war er mal Pflasterer - ja eigentlich hauptsächlich am Bau, am Wiederaufbau - Und wie die Elektrische wieder g`fahren ist, hat er dort eine Arbeit bekommen oder Job, wie die Jugend heute sagt. Den hat ihm ein Freund verschafft, den er noch von seinen Geschäften von früher gekannt hatte. Ich weiß nicht mehr wer das war, ich habe ihn ja eigentlich nie gesehen. Irgend so ein Politischer ist das g`wesen. - Wer ist das nur g`wesen? - Na egal. Und dann später ist er Schaffner geworden - und schließlich, da hat er viel lernen müssen, hat er g`sagt, ist er selbst mit der Tramway gefahren."

Lächelnd, aufrechte Haltung, stolz.

Oma: „Fesch war er, in seiner Uniform. - Bis zu seinem ersten Schlaganfall. Da hab ich ihn halt wieder gepflegt. Aber so richtig erholt hat er sich nicht mehr davon - aber ich und die Kinder."

Unterbricht, spricht leise vor sich hin - wiegt den Kopf auf und ab.

Oma: „Die Kinder. - Wir haben ihn halt gepflegt so weit es möglich war - aber so viel Zeit habens halt nicht gehabt. Da Hansi und - wissens eh schon, die Waltraud, müssen halt ihr eigenes Leben … leben."

Nimmt die Fernbedienung, dreht sich zum Fernseher und zappt herum.
Wieder zum Publikum.

Oma: „Und dann hat er den zweiten Schlaganfall gehabt." Lächelt liebevoll und deutet nach oben. „Und jetzt ist er da oben. Beim lieben Gott."

Seufzt, lächelt stärker.

Oma: „Aber ich hab ja meine Kinder. Da Hansi kommt mich ab und zu besuchen. Zum Muttertag, zu Weihnachten, zum Geburtstag - und ab und zu ruft er an - mein Bub. Und die Waltraud." Sieht nachdenklich und starr ins Publikum. „Die hat einen Kapitän - also so einen Flugkapitän geheiratet und der hat sie mir weggenommen, der ist mit ihr weg-geflogen - leise nach Deutschland."

Sieht wieder zum TV-Gerät, zappt herum, lächelt traurig-lieb.

Oma: „Aber eigentlich darf ich mich nicht beschweren, ich hab ja alles. Meine Kinder, einen Fernseher - und," sieht nach oben, „da Hermann schaut auch auf mich runter und ich zu ihm rauf. Gemeinsam - einsam."

Plötzlich ein Geräusch und der Fernseher geht aus - Dunkelheit.

Kurze Pause.

Die Oma steht auf, schlapft zum Fernseher. Man hört wie sie eine Schublade öffnet und etwas herausnimmt. Plötzlich hört man einen Schuss. In der Dunkelheit ist das Mündungsfeuer deutlich zu sehen. Der leblose Körper fällt auf den Boden.

Die Oma steht in der Dunkelheit nicht auf, sondern sie wird von 1 Person von der Bühne geschleift oder von 2 Personen von der Bühne getragen.

Pause/Vorhang

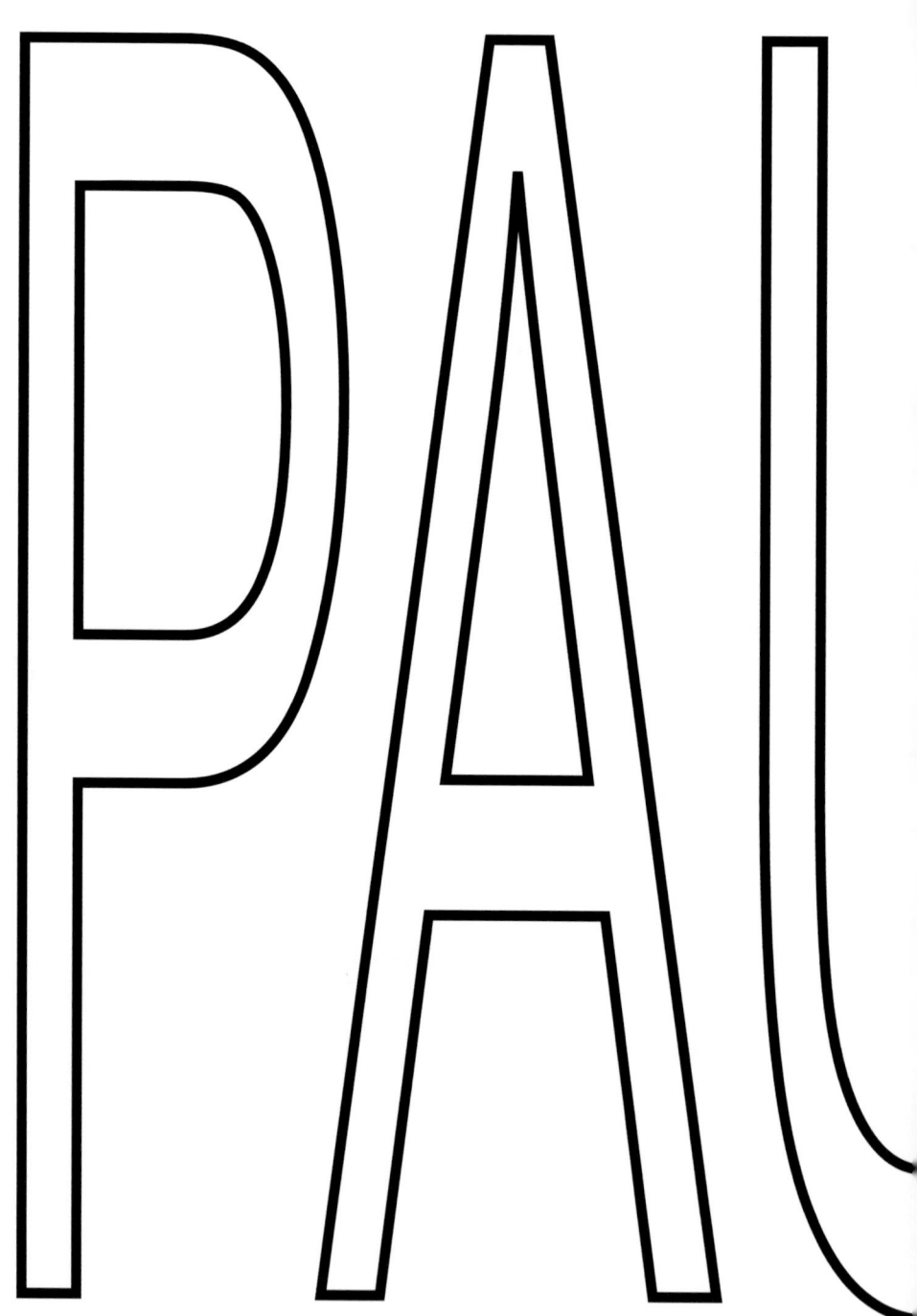

Szene 8

Der Vorhang geht auf. Der Herr Karl und der Herr Josef werden eiskalt erwischt. Sie sind gerade damit beschäftigt, ihre Wurstsemmeln zu essen und sitzen (Sitzgelegenheit nach Belieben) links und rechts neben der aufgestellten, gut sichtbaren Tafel: **Das Rendezvous**.

Beide wurden überrascht und starren mit großen Augen ins Publikum. Beiden bleibt der Bissen im Hals stecken. Der Herr Karl lässt die verbleibenden Wurstsemmelreste in seinem Arbeiteranzug verschwinden. Der Herr Josef hält diese mit den Zähnen fest.

Beide tragen hektisch die Tafel und die Sitzgelegenheit über die Bühne.

Karl: „Gemma gemma. Zah au!"

8. Das Rendezvous

Darsteller: 2 Personen (männlich/weiblich)
      1te Person = Mann = Ma (männlich)
      2te Person = Verkäuferin = Ver (weiblich)

Ort: Bühne

Bekleidung: Legerer Anzug, etwas zerknittert, nicht zu ordentlich.

Requisiten: 1 Armbanduhr, 1 Brille, 2 Flaschen Schnaps, ein
am Bühnenboden befestigter Türstock oder ein
Gestell mit einer zu öffnenden Türe.

Charakteristik: Unrasiert, hektisch, leicht konfus, nervös. Wenn
er sich dem Publikum zuwendet, spricht er nur
halb mit diesem, eher mit sich selbst.

Beschreibung: Die Tür befindet sich bühnenmittig, im letzten
Drittel der Bühnentiefe, parallel zum Publikum. An der Tür befindet sich die Aufschrift: >Feinkost< und ein kleinerer Zettel mit
den Öffnungszeiten. Die Tür ist am Beginn der Szene versperrt.

Der Darsteller betritt die Bühne. Er begibt sich hektisch, das
Publikum ignorierend, eiligen Schrittes, mit vorgebeugtem Oberkörper zu derselben. Er versucht diese zu öffnen und stößt sich
daran, da jene noch geschlossen ist.

Rumms ...

Ma: „Aua!"
    Greift sich auf den Kopf, torkelt zurück, seine Brille ist verrutscht.

Ma: „Verdammt – was is`n jetzt los ...?"

Sieht auf seine Armbanduhr, ungläubig.

Ma: „Waarum ... ?"

Beugt sich vor, um die Öffnungszeiten lesen zu können, richtet sich dabei
die (verrutschte) Brille.

Ma: „Montag bis Freitag von 6 Uhr 30 bis 19 Uhr. Samstag
von ..."

Sieht auf die Uhr, überlegt.

Ma: „Heute ist Montag, 6 Uhr 20. Nervös Noch 10 Minuten, was
mach ich nur?"

Bemerkt erst jetzt das Publikum.

Ma: „Sie müssen wissen ich hab`s eilig, ich hab ein Rendezvous,"
dreht sich nervös beiseite, leiser, „und das kann nicht warten,"
schüttelt den Kopf, leicht abwesend, „nicht warten – kann nicht
warten."

Greift in die Sakkotasche, holt ein kleines Tuch heraus, putzt die Brille,
hält sie hoch, sieht hindurch.

Ma: „Es war nicht Liebe auf den ersten Blick – neein."

Setzt die Brille wieder auf, träumerisch.

Ma: „Wir haben uns ganz zufällig kennengelernt, bei einer
Geburtstagsfeier. Erst zaghaft, schüchtern, eigentlich wollten
wir uns gar nicht kennenlernen, es waren die Umstände.
Aber wie das Leben so spielt, kamen wir uns mit der Zeit
immer näher."

Nachdenklich.

Ma: „Ich merkte es kaum. Aus Interesse wurde Zuneigung und
aus Zuneigung a Gspusi wie man so schön sagt. Und aus
dem Gspusi eine Liebe – bis uns nichts mehr trennen
konnte."

Wendet sich fluchend ab, leiser.

Ma: „Ein Bund des Teufels."

Zappelt nervös herum, sieht auf die Uhr, dann auf die Tür, ungeduldig.

Ma: „Ach Gott – wie lange dauert es denn noch."

Sieht ins Publikum, leicht ärgerlich.

Ma: „Ich wurde einfach überrascht, überrollt – bis ich hörig war.
Ein Sklave der Liebe - ein Lemming meines eigenen
Schicksals." Sehnsüchtig. „Es zog mich an wie ein Magnet, -
aber andererseits, sie gibt - nein, verspricht mir diese Liebe."

Ballt pathetisch eine Hand zur Faust. „Sie hält mich fest in ihrer
Hand und spendet Kraft mein Leben zu bewältigen."

Mit einer Hand und seinen Blicken dem (geistigen) Fluge folgend.

Ma: „Meine Sorgen schweben dahin – dahin .... ,"ausklingend, nach
Worten suchend, plötzlich wieder trocken, nüchtern, „wie die Fliege
zur Scheiße."

Zittert plötzlich, reibt sich mit beiden Händen (verschränkte Arme) die
Oberarme, geht vor innerer Kälte im Stand, in sich zusammengekauert.

Ma: „Brrr, kalt ist es noch so früh am Morgen. Ob der Teufel
schon an meine Seele klopft?"

Rüttelt wieder an der Tür.

Ma: „Na was ist jetzt? Wann sperr`ns endlich auf? Ich habs eilig."

Sieht wieder auf die Uhr.

Ma: „Gott nochmal – noch immer 5 Minuten." Nachdenklich, leiser.
„5 Minuten – und der Endlichkeit einen Schritt näher."

Wieder herzlicher, träumerisch.

Ma: „Am Anfang war alles so schön. Wenn ich ganz alleine war,
gab sie mir die Wärme, nach der ich mich so sehnte.
Erfüllung - (ballt beide Fäuste) ich empfand wieder Lust am
Leben, ein Orgasmus der von Liebe betäubten Seele. Bald
trafen wir uns immer öfter. Die Gier nach Lust wurde immer
stärker, exzessiver – eine fortwährende Onanie des scheinbar
gefundenen Glücks."

Sieht auf den Boden, unruhig, nachdenklich.

Ma: „Sie schmeichelte mir, gab mir die Wärme, die ich so
brauchte. Doch sie war trügerisch, diese Zweisamkeit. Sie

führte ganz langsam, heimlich schleichend sozusagen, in die Einbahnstraße der Einsamkeit."

Sieht ins Publikum.

Ma: „Ich sage ihnen, wenn man nicht aufpasst, kann die Lebensliebe ganz schnell zur Lebenslüge werden."

Plötzlich wird von der Verkäuferin die Tür aufgesperrt und geöffnet. Der Mann schrickt aus seinen Gedanken auf, die Verkäuferin ist überrascht.

Ver: „Ah Herr Doktor, so früh schon auf den Beinen?"

Der Protagonist endlich von der Last des Wartens befreit, hektisch, freundlich aber sie ignorierend.

Ma: „Jaja schon gut. Guten Morgen."

Beide verschwinden hinter der Tür. Diese wird von >innen< geschlossen. >Kurze künstlerische Pause< Der Herr Doktor erscheint wieder, mit zwei Flaschen Schnaps. Die eine gut sichtbar in einer Sakkotasche die andere in der Hand. Während er die Bühne diesmal über den >Türeingang< betritt, (das Publikum wird dabei vollkommen ignoriert) befreit er die Flasche hektisch von seinem Verschluss. Hält sie vor sich, sieht sie kurz hasserfüllt, dann liebevoll an.

Ma: „An mein Herz, Geliebte."

Setzt an, entleert diese mit gierigen Schlucken zur Hälfte, dabei tropft/ rinnt der Alkohol aus seinem Munde. Er setzt die Flasche ab, streift sich zufrieden mit der freien Hand über den Mund.

Ma: „Aaah ..."

Geht ab, leer und ausgebrannt.

Ende

Szene 9

Der Herr Karl und der Herr Josef betreten mit der Tafel: > <, die Bühne. Auf dieser ist nichts zu sehen, sie ist weiß. Der Herr Josef bemerkt es.

Josef: „Koarl schau, do steht jo nix drauf?"

Auch der Herr Karl bemerkt es, sie stellen die Tafel auf den Boden.

Karl: „Sakra, des homma vagessen."

Geht ab, Josef hält alleine die Tafel. Der Herr Karl kommt mit einem Stift, Pinsel und Farbdose oder ähnlichem zurück.

Karl: „Na woart, des homma glei."

Er malt fleißig das Wort: **Alzheimer** auf die Tafel. Stolz betrachtet er sein Werk.

Karl: „So des hätt ma."

Beide heben die Tafel auf, gehen ab.

9. Alzheimer

Darsteller: 1 Person = Namenlos = Nam (männlich/weiblich)

Ort: Bühne

Requisiten: Keine

Bekleidung: Legerer Anzug

Namenlos betritt die Bühne, freundlich.

Nam: „Hallo ihr Lieben. Wie geht es euch? Ich hoffe so gut wie
mir." Lächelt. „Ihr müsst wissen, ich habe Alzheimer."
Hebt beruhigend/beschwichtigend beide Arme.

Nam: „Nein nein keine Sorge, nicht so wie sie denken. Ich habe
nur alles vergessen was schlecht ist. Für mich schlecht ist.
Ich kann mich einfach nicht mehr daran erinnern."
Kurze Pause.

Nam: „Oder will mich nicht daran erinnern? An das Böse, an
Charakterlosigkeiten, an Gier, an Neid, an Menschen
ohne ein Gewissen.
Das Dumme dabei ist nur, ich habe auch meinen eigenen
Namen vergessen, meinen Halt, denn auch meine Ver-
gangenheit war unwürdig. Ein Schandfleck für die, die
mich ertragen mussten - aber," sieht ins narrische Kastl,
lächelt, „ich kann mich nicht mehr daran erinnern."
Reißt sich aus den Gedanken, etwas fröhlicher.

Nam: „Aber das macht nichts. Seit dem Ausbruch meiner
Krankheit war ich nie wieder depressiv, nur positiv, auch
zu anderen. Das Vergessen, die rosarote Brille hat mir alles
Schlechte, alles Böse genommen - und vom Leib gehalten."

Sieht hinauf, dreht halbkreisförmig den Kopf von links nach rechts.

Nam: „Wie eine unsichtbare Wand."

Pause.

Nam: „Ich lasse einfach nicht mehr zu, dass man mir wehtut oder das ich jemandem weh tue." *Nickt nachdenklich.* „Und weiß Gott, man hat mir im Leben genug weh getan - und ich anderen."

Lächelt/lacht befreit.

Nam: „Aber ich kann mich einfach nicht mehr daran erinnern. Ist das nicht herrlich." *Schwärmerisch.* „Keine Sorgen mehr, keine Probleme, nur all das Schöne das überbleibt. Nette Menschen, ein freundliches Lächeln, die einzigartige, unberührte Natur, die dich im Schein der Vergessenheit einlullt."

Atmet tief ein, genießt das eine kurze Zeit, wird jedoch wieder nachdenklicher.

Nam: „Das Dumme ist nur, ich habe keine Freunde mehr, alle vergessen." *Etwas leiser.* „All die Arschlöcher, die aus ihren Löchern hervorkrochen, als noch der Glanz, der Ruhm mein Antlitz erhellte. Und als das Schicksal meine Gedanken in befreiende Vergessenheit hüllte, da waren sie auf einmal verschwunden - die sogenannten Freunde. Aber ich hatte es nicht besser verdient, denn ich war ja einer von ihnen." *Nachdenklich, etwas abwesend.*

„Ein blinder Aufsteiger, ein Gewinner auf Kosten anderer. Eine schillernde Persönlichkeit im Meer gesichtsloser Egomanen."

Nachdenklicher Blick.

Nam: „Jaja, die Zeit. - Das Schlimmste ist nicht der Tod. Der Tod ist nur der Übergang zu einem neuen Beginn - eine neue Chance sozusagen. Das Schlimmste ist das Vergessenwerden. Oft schon im Leben, fast immer im Tod."

Leiser, traurig.

Nam: „Meine Frau hab` ich nicht vergessen. Meine Frau hat mich vergessen." Reißt sich wieder von diesen Gedanken los. „Na ja."

Nam: „Aber haben wir nicht alle Alzheimer? Die Zeit ist wie Alzheimer, sie heilt und schlägt neue Wunden in unsere Seele. Und wenn wir nicht aufpassen, frisst sie unser Gefühl, unsere Lieben und schließlich uns selbst. Am Schluss hatte ich sonst nichts mehr, das mich fressen konnte - außer mich."

Lächelt sarkastisch.

Nam: „Die Zeit lächelt dir ins Gesicht, wie ein wärmender Sonnenstrahl. Bevor er dich verbrennt. Sie verschlingt dich ganz langsam - schleichend - bis nichts mehr von dir übrig ist, bis du einfach verschwunden bist. „ Schnipst mit den Fingern. „Aus - weg - vorbei."

Nachdenklich, schüttelt den Kopf, wieder versöhnlicher, zufrieden.

Nam: „Aber ich kann nicht klagen. - Ein Mensch den ich nie vergessen konnte, hat mich besucht ... in meiner Welt, in meinen Gedanken. - Meine Frau."

Dreht sich langsam auf die Seite und geht Rtg. Bühnenausgang, dreht sich um, Blick ins Publikum.

Nam: „ Es gibt Zeiten da wünschte ich mir - die ganze Welt hätte Alzheimer."

Geht ab.

Ende

Szene 10

Der Herr Karl und der Herr Josef, betreten sportlich die Bühne.
Sie laufen langsam mit der Tafel: **Der Tod,** über dieselbe.

10. Der Tod

Darsteller: 2 Personen
        1te Person = Der Tod = Tod (männlich)
        2te Person = Der wahre Tod = WT. (weiblich)

Ort: Bühne

Requisiten: 1 Flachmann, 1 Lesebrille.

Bekleidung: 1 schwarzer Umhang, schwarze Kleidung, schwarzer Hut. (Auf gar keinen Fall ein Skelettoutfit, eine Schädelmaske oder dergleichen)

Charaktere: Positiv, beschwingt, lustig, uriges Original, leicht versoffen, hat immer einen Flachmann eingesteckt und macht davon auch fortwährend Gebrauch.

Der Tod betritt die Bühne. Beschwingt wie oben beschrieben, lächelnd.

Tod: „Ist das Leben nicht schön?" Plötzlich ernst, zynischer, stechender Blick. „Oder doch nicht? Wenn ich mich hier so umsehe, warten schon einige Kandidaten auf mich. - Buuh."
Lacht, winkt ab, freundlich.

Tod: „Ha ha ha - keine Angst, das war nur ein Scherz." Zeigt mit zwei Finger das Friedenssymbol. „I love you."
Greift in eine Tasche, nimmt seinen Flachmann heraus und genehmigt sich einen Schluck.

Tod: „Aah, das tut guut," hält ihn in Rtg. Publikum." Wollen sie auch? ... Nein - na gut."
Steckt den Flachmann wieder ein. (Falls doch jemand einen Schluck

verlangt, muss er auf die Bühne kommen) Sieht prüfend, fragend ins Publikum.

Tod: „Kennt ihr mich? – Neein? Das solltet ihr aber. – Ich bin der ....“

Kurze Pause, danach euphorisch.

„...der sich in deinem Hirn festsetzt, wenn du nichts mehr mit dir anzufangen weißt. Der sich festfrisst, wenn dein Leben leer ist, du in deiner Sucht ertrinkst - oder,“ tut so als hätte er eine Fernbedienung in der Hand, zappend, „ - der nur zappend und fressend vor dem Fernsehgerät verblödet. Jaja - und dann komme ich,“ baut sich auf, setzt sich in Szene, „und niste mich ein, in deinem Kopf. Also denke mein Freund, denke, denn der Gedanke ist der Beginn allen Seins. Nütze deine Zeit und werde glücklich mein Freund, sonst komme ich und fresse deine Seele.“

Wieder locker, genehmigt sich wieder einen Schluck, nachdenklich.

Tod: „Wenn ich noch unter euch weilen würde, müsste ich ein wenig auf meine Leber aufpassen. Aber so ... wollen sie auch? Nein - na gut.

(Optional, wenn schon wieder wer mittrinken möchte. „Dann müssen sie noch einmal auf die Bühne kommen, aber diesmal bringen Sie etwas mit“)

Tod: „Ach übrigens. Mein Freund, also der den ihr meint. Ihr wisst ja - wo Schluss ist, Sense sozusagen ha ha ha.“

Typische Halsabschneider-Handbewegung über dem Halsbereich. „Er hat mir einen Zettel in die Hand gedrückt und meinte: Geh sei so lieb, ich hab dir da etwas aufgeschrieben, lies das vor und erzähl mir dann von den Reaktionen der Lebenden.“

Greift sich mit einer Hand auf die Stirn. „Ich kann mir schon denken was es ist.“ Hält sich die Hand seitlich vor den Mund, gelang-weilt. „Eeiin Gediicht.“

Zieht sich mit einem Finger ein Augenlid herunter.

Tod: „Er ist ja ein ganz netter Kerl. Nur hoit, erstens a bisserl ernst, todernst eben - hahaha. Ich weiß, blöder Schmäh, und zweitens hat er so an Spleen. Sein Job ist ja nicht gerade der lustigste. Zwar abwechslungsreich aber nicht der lustigste. Aber auch er hat Gefühle und eine Seele - eine ewige Seele.

Er is halt so ein sensibler Typ, und da will er die Leute a bisserl auflockern. Sie wissen eh - für später - damit`s lockerbleiben, net so verkrampft sind wenn er vorbei-schaut. Da schreibt er halt schnell mal ein Gedicht, das ihm auf der Seele lastet. Damit die Irdischen net so schlecht über ihn denken oder gar an Herzkasperl kriegen, wenn er einem Lebenden unvermutet auf die Schulter klopft."

Schüttelt den Kopf.

Tod: „Die Menschen sind immer so verschreckt wenn er auf-taucht? Er will halt für jeden der ihn braucht, so a Art Freund, a Haberer sein - und jedes Mal wenn ich ein Seminar leite oder einen Vortrag halte, steckt er mir einen Zettel zu." Verstellte Stimme. „Du geh - bitte lies - nein traag das vor. BITTEE! Leg dein ganzes G`fühl hinein. Du wirst das schon machen Kumpel." Traurig. „Mein einziger Kumpel."

Klopft ihm imaginär auf die Schulter, kramt in seinen Taschen, ein paar zerknüllte Zettel fallen heraus.

Tod: „Ja wo ist er denn? Sakrakreiznochamoi bei der Zettelwirt-schaft - ah - ja - da ist er ja."

Hält einen zerknüllten Zettel in Händen, entfaltet ihn, setzt seine Lese-brille auf.

Tod: „Also, er hat mich gebeten ihnen etwas auszurichten."

Blick auf den Zettel. „Na schau`n wir mal."

Räuspert, liest vor.

78

Tod: „Reich mir deine Hand - begleite mich im Leben ohne Angst.

Wo Leben, ist der Tod - und ich will streben

nach Erfüllung gar nach Lust - ganz unbewusst,

stehst du neben mir, schaust zu, was ich hier auf Erden tu.

Bist mein Freund - bist immer nah,

wenn die Zeit kommt - bist du da

und führst mich in ein Land, dass mir bis dahin unbekannt

dann ohne Angst - mit Fröhlichkeit - bin ich bereit."

Sieht nachdenklich auf den Zettel.

Tod: „Bledsinn." Knüllt ihn zusammen und schmeißt ihn über die Schulter. „Begleite mich im Leben ..., da kannst ja direkt an Schrecken bekommen." Schiebt seinen Ärmel hinauf. "Da daa schauens - sehns mei Gänsehaut, wie`s lauft?" Schüttelt sich. „Brrr, na mir kanns ja wurscht sein, ich bin ja schon tot." Sieht fragend ins Publikum. „Und wie schauts mit euch aus?" Genehmigt sich wieder einen Schluck.

Tod: „Prost. Wollt`s auch an Schluck." Sieht in die Flasche. „Moment, Moment - neeein – jetzt ist es zu spät." Steckt Flachmann schnell weg. „Das ist meine letzte eiserne Reserve." Wird plötzlich gestört. Der Zuschauer sieht nur, wie am Rande der Bühne plötzlich eine Sense senkrecht auf den Boden gestellt wird, jene natürlich von einer Hand (beide Arme sind schwarz gekleidet) gehalten wird. Mit der anderen Hand wird der Tod herbeigewunken. Beide Arme und die Sense sind deutlich sichtbar.

WT.: "Psst!" Winkt den Tod herbei.

Tod: Dreht sich. „Was is?"

WT.: "Pss!" Winkt heftiger.

Tod: „Na komm, beißt dich ja keiner. Siehst nicht, dass ich mich grad unterhalt."

WT. stampft 2-3mal mit der Sense auf den Boden, winkt noch heftiger.

Tod: „Mein Gott ist der schüchtern. Was ist denn?"

Geht zu ihm. Der Tod ist gut sichtbar. Vom WT. (Wahren Tod), sieht man nur die gestikulierenden Hände/Arme. Man hört nur unverständliches Murmeln. Tod kommt wieder zurück.

Tod: „Hoppala, das war knapp. - Jetzt wäre mir doch glatt ein kleiner Fauxpas passiert. - Ich hab`s ganz vergessen. Er kann ja nicht kommen, denn wer ihn sieht, der hat es hinter sich. Das wäre jetzt direkt a Trauergspü´ g`wesen. Eigentlich wollte er nur wissen, wie euch das Gedicht g´fallen hat?"

Hält sich die Hand seitlich vor den Mund, Stimme leiser, vertrauensvoll zum Publikum.

Tod: „Ich weiß, seine Gedichte nerven, sind immer so tod-langweilig. Aber mir wird schon irgendeine Ausred´ einfallen. Man sollte aber ganz vorsichtig an die Sache herangehen - er ist ja so sensibel."

Zeigt dem Publikum den ausgestreckten Daumen, begibt sich wieder nach hinten, unverständliches Gebrabbel. Plötzlich sehen die Zuschau er, wie der Kopf des >Todes< mit beiden Händen genommen wird. (So gut es mit der Sense möglich ist) Sein gesamter Oberkörper verschwindet von der Bühne. Die Beine und der Hintern sind weiterhin gut sichtbar. Ein, zwei Schmatzer/Küsse sind wahrnehmbar. Darauf taucht der Oberkörper des Todes wieder auf. Sense und Arme des WT. verschwinden gänzlich. Der Tod kommt zurück zum Bühnenrand. Auf seinem Gesicht sind zwei - drei rote, dicke Kussabdrücke zu sehen.

Tod: „Na, hab ich`s euch nicht gesagt? Jetzt ist er wieder ganz happy." Lächelt. „Vor lauter Rührung wollte er mir noch ein Gedicht zustecken, bin im letzten Moment entronnen ... obwohl ... die Gedanken gehen über den Tod hinaus."

Ernst, sieht ins Publikum, fragend.

Tod: „Und was ist mit euch? Lebt IHR noch - oder seid ihr auch schon tot?

Ende

Szene 11

Der Herr Karl und der Herr Josef, betreten mit der nächsten
Tafel: **Der Regenwurm**, die Bühne. Es fällt ihnen sichtlich
immer schwerer, diese Last zu tragen.

11. Der Regenwurm

Darsteller: 1 Person (männlich)
       Darsteller = (Das) Ich

Ort: Wohnzimmer, Straße

Requisiten: Koffer, Laufausrüstung, Decke, Polster, Sessel.
       Optional einen Regenwurm aus Gummi.

Bühne: Der Darsteller (Das Ich) nimmt die Decke und den Polster aus einem Sackerl, legt beides auf den Boden und legt sich in Bermuda Short und Leiberl hin, deckt sich zu, kurze Pause, vielleicht sanftes Schnarchen.
Optional: „Das ist meine liebste Szene, die wird am besten bezahlt. - Aber keine Sorge, die dauert nicht lange, nur ca. eine Viertelstunde." Dreht sich vom Publikum weg.

Kurze, aber deutliche Pause.

Das „Ich" setzt sich auf, die Stimmung ist auf dem Nullpunkt, traurig, selbstmitleidig, depressiv, typischer Verlierer.

Ich: „Warum soll ich eigentlich aufstehen? Am liebsten wäre mir, ich bliebe für immer liegen, hat doch eh alles keinen Sinn mehr."
Steht auf, streicht sich über den Kopf.
Ich: „Da kämpft man sich ein halbes Leben durch den Dreck der Menschheit und steht wieder ganz alleine da - wie ein Wurm - in dieser beschissenen Welt. Warum bin ich eigentlich noch hier?" Sieht nach oben. "Warum hat mich das Schicksal noch nicht ereilt, noch nicht geholt? Es braucht mich doch eh

kein Schwein!"

Geht zum Koffer, macht ihn auf, kramt herum, nimmt die Laufhose heraus, zieht sie an.

Ich: „Warum soll ich eigentlich laufen gehen, davonrennen – meine Sorgen sind doch schneller? Es ist wie immer, sie werden mich an der Schulter packen, mich herumreißen und mir gnadenlos in`s Auge starren. Lähmend." Blick in den Koffer. „Aber was soll`s, dann bin ich wenigstens nicht allein."

Greift hinein, zieht sich ein Laufleiberl an, zieht den Koffer zum Sessel, setzt sich, nimmt einen Socken heraus ...

Ich: „Verdammt wo ist der zweite Socken?"

Zieht einen Schuh an.

„Warum soll ich mich so quälen, hat eh alles keinen Sinn mehr."

Zieht den zweiten Socken und den Schuh an, steht auf, streckt sich.

Ich: „Na ja - gemmas an."

Läuft (im Stand) los, Blick zum Publikum, gebückt, lustlos, ernste Miene, eher ein Humpeln. Eine Begegnung, richtet sich plötzlich auf, atmet hörbar aus.

Ich: „Pff." Theatralische, vielleicht sogar utrierende Sportlichkeit. „Servas Franz." Dreht sich in eine Richtung um. „Na, wirst a immer blader."

Läuft noch ein bisschen sportlich und vor allem schneller weiter, japst, schnauft, schnappt nach Luft, humpelt wieder ...

Ich: „Diese scheiß Schuach - Klumpert."

Geht, schnauft, erholt sich wieder, läuft wieder gebeugt und lustlos weiter.

Ich: „Warum musste sie mir das antun - waarum mir? - Da liebt man, legt sein Herz in fremde Hände - überreicht es - wortlos, selbstlos." Zerknirscht. „Und was macht sie? Sie lässt es fallen." Aufbrausend, ärgerlich. „Und dann kommt so ein ööliigeer, schleiimiger Latinlovermachoschnöselverschnitt und zerstückelt mein Dasein, mein Leben und hinterlässt eine leere Hülle."

Harte Mimik, bleibt stehen.

Ich: „Aus, fertig - alles aus. Jetzt ist dein Arsch schon 37 Jahre alt und was hast du vorzuweisen, was hast du erreicht?"

Sehr resignierend. „Die allumfassende Einsamkeit, die neben dir steht und dich hämisch angrinst." Hinausrufend. „Verlierer, Verlieereer."

Läuft weiter.

Ich: „Dieses verdammte Gefühl der Leere, des Nichtgebraucht-werdens. Die Nutzlosigkeit eines Verlierers eben." Pause. „Ich kann einfach nicht mehr. Das Leben ist so sinnentleert geworden - es gibt einfach nichts mehr Gutes, Positives."

Läuft traurig und immer gebückter weiter, plötzlich reißt es ihn, bleibt stehen, dreht sich, greift apathisch hinunter, nimmt einen imaginären Regenwurm, (optional einen aus Gummi), sieht ihn an, resignierend aber liebevoll, weiche Züge, kein Lächeln, ernst.

Ich: „Na du Wurm du? Musst dich auch durch`s Leben quälen? Aber hier am Asphalt mein Freund, ist dein Dasein genau so aussichtslos," sieht nachdenklich ins Publikum, „wie meins. - Aber wenigstens du sollst eine Chance bekommen."

Geht ein-zwei Schritte zur Seite, legt den Wurm vorsichtig ins imaginäre Gras.

Ich: „Werde glücklich mein Kleiner."

Sieht nachdenklich nach unten, streckt den Daumen nach oben.

Ich: „Machs gut mein Alter, viel Glück!"

Geht zurück läuft weiter, ein leichtes Lächeln ...

Ich: „Der hat`s gut, kann sich wieder verkriechen. - So wie ich. - Eigentlich geht`s dem Wurm jetzt wirklich gut. Und ich?"

Lächelt „Ja ich Held, ich habe ihn gerettet," lächelt stärker, „den Wurm. Ein gutes Gefühl seit langem."

Das Lächeln wird dauerhafter und zufriedener. Plötzlich erspäht er in der Ferne mit zusammengekniffenen Augen etwas Interessantes. (Ein weibliches Wesen) Diesmal bleibt er locker, Blickkontakt, charmantes Lächeln.

Ich: „Halloooo..." Dreht sich beim Laufen etwas. „Da schau her, sie hat zurückgelächelt? Die kenn ich doch? Ist das nicht die Frisörin von da – no wie heißt`sn gleich - Stroß`n? - Dann werden wir wohl bald zum Frisör gehen."

Läuft an einer imaginären Auslage vorbei, baut sich auf, zufriedener.

Ich: „Naja, also so schlecht schau ich eigentlich gar nicht aus. Und das bisserl," greift auf seinen Bauch, „das wer`ma auch noch wegtrainieren."

Lustvolles Grinsen.

„Vielleicht mit der Frisörin?"

Bleibt stehen.

Ich: „Pff."

Atmet hörbar aus, macht ein paar Stretchingübungen, bleibt zufrieden lächelnd stehen, ein Lichtblick am Horizont, der Weg zurück ins Leben.

Ein Lichtkegel (Spot = die Sonne) erfasst den Protagonisten.

Ich: „So mancher Wurm freut sich seines Lebens."

Sieht hinauf zur Sonne, blinzelt.

Ich: „Die Sonne scheint ... und eigentlich ist das Leben ... doch lebenswert."

Ende

Szene 12

Der Herr Karl und der Herr Josef, sichtlich schon etwas
erschöpft, betreten die Bühne mit der Tafel: **Atemnot**. Die
beiden schieben die Tafel schon mehr, als sie diese zu tragen
vermögen. Sie schaffen es gerade noch über die Bühne.

12. Atemnot

Darsteller: 4 Personen

        1te Person = Pastor = Pas. (männlich)

        2te Person = Punk = Punk (männlich)

        3te Person = Nutte = Nut. (weiblich)

        4te Person = Nonne = Non. (weiblich)

Ort: Park

Requisiten: 1 Parkbank, 1 Taschentuch.

Bekleidung: 1te Person: Blue Jean, Hemd, Talar.

        2te Person: dem Genre entsprechend - punkig
(zumindest ausgeflippt)

        3te Person: dem Genre entsprechend - nuttig

        4te Person: dem Genre entsprechend - nonnig.

Der Pastor, ohne Talar und vorerst als solcher nicht erkennbar, kommt schnell und abgehetzt auf die Bühne, setzt sich auf die Parkbank. Das Publikum ignorierend, tupft er sich mit dem Taschentuch den Schweiß von der Stirn. Bemerkt das/bzw. sieht ins Publikum, noch leicht schnaufend, das Taschentuch in der Hand.

Pas: „Warum schaun sie mich so an? Jaa ich geb`s ja zu - ich habe Atemnot."

Wischt sich noch einmal über`s Gesicht, steckt das Taschentuch ein.

Pas: „Nein, sie irren sich." Schüttelt den Kopf. „Ich habe Atemnot, aber dies betrifft nicht meine Physis - sondern meine Seele."

Springt auf, spricht schnell, hektisch.

Pas: „Ich hetze hin und her - der Stress dicht hinter mir
der Sex, der Job, die Gier
voll Unruh und voll Unrast - eine Macht, die um mein Herz
mir fasst
er haucht mir in den Nacken - gleich wird er mich berühren
seine Zähne kann ich spüren - und er wird mich packen.
Sieht auf den Boden
Ich weiß - die Zeit kommt schnell - schneller als man denkt
dann lieg ich da - zerfetzt - hat mich in den Tod gehetzt
seine Augen kalt und klar - sagen, dass es sinnlos war."
Sieht wieder ins Publikum.

Pas: „Ich laufe und laufe, ich weiß zwar nicht wohin aber dafür
bin ich schneller dort. - Aber wo ist dort? Ist dort das Ende
oder der Anfang?"
Lächelt, nachdenklich, schicksalsträchtig.

Pas: „Das Ende habe ich schon einmal erlebt. Das Ende war die
Zeit, wo meine Frau einen neuen Anfang gefunden hat."
Hebt und senkt die Schultern.

Pas: „Naja? Aber ich kann es ihr nicht nachtragen, ich war ja
nie da für sie. Ich war immer nur mit mir, mit meinen
Problemen beschäftigt. Immer nur im Stress. Ja sicher, ich
erreichte mein Ziel, hatte eine schöne Villa, eine Rolex, die
Golden Card, einen Porsche - genug Geld. Ich brauchte mir
keine Sorgen mehr zu machen, keine Geldsorgen."
Setzt sich auf die Lehne der Parkbank. (bitte nicht umkippen) Rechte
Hand auf dem rechten Knie, sieht nachdenklich nach links unten.

Pas: „Da saß ich nun auf dem Zenit meiner Träume," hebt die Hand,
sieht hinauf, „gaanz oobeen - und gaanz alleine. Aber eines
Tages war genug, da wollte ich nicht mehr alleine sein."
Streckt beide Arme nach unten aus - sieht hinunter.

Pas: „Ich streckte beide Arme aus und die da unten streckten sie
mir entgegen. Es waren viele Hände, viele - jeder wollte mich

erreichen, ein Stück weiter hinauf kommen - zu mir, um ihrem Traum ein Stück näher zu kommen."

Schüttelt langsam den Kopf.

Pas: „Aber ihre Arme waren alle zu kurz. Ihre Hände konnten mich nicht erreichen, so sehr sie sich auch bemühten. Sie konnten mich einfach nicht erreichen. - Bis eines Tages - „

Klettert von der Lehne herunter und setzt sich normal auf die Bank.

Pas: „Ich war in einem unbedachten, unüberlegten Moment heruntergekommen - und plötzlich" sieht auf die Seite, erschrickt, „sitzt jemand neben mir - neben MIIIR – ein Mensch. Seine Hände waren nicht zu kurz."

Sieht auf seine Hände.

Pas: „Und ich streckte ihm meine Hände entgegen. Am Anfang wollte er gar nicht, war zaghaft, misstrauisch. Aber mit der Zeit wuchs sein Vertrauen - und mit dem Vertrauen kamen seine Hände," dreht sich links, rechts „von überall."

Ergreift viele imaginäre Hände, schüttelt sie, zieht sie heran, streichelt sie. Ist plötzlich wieder ruhig und still.

Pas: „Es waren einzigartige Hände."

Streckt langsam seinen Arm aus und sieht auf seine Handinnenfläche.

Pas: „Die Hand eines Freundes."

Sieht wieder ins Publikum.

Pas: „Aber was red ich da, es sind doch ganz normale Hände."

Dreht sich zum Bühnenaufgang, ruft ...

Pas: „Alexander - Silvia - kommt ihr mal."

Sie kommen. Erst Alexander, gefolgt von Silvia. Alex der Punker, Silvia die Nutte und beide benehmen sich auch genrespezifisch. Der Punk nach dem Motto <Die Welt ist ein großer Scheißhaufen>. Die Nutte aufreizend, erotisch, sich zur Schau stellend. Alexander stellt sich auf die rechte Seite, Silvia auf die linke Seite des Pastors. Er ergreift die Hände des Punks, präsentiert sie dem Publikum.

Pas: „Schauen sie - das sind doch ganz normale Hände - Hände die wir alle haben. - Und schauen sie, sind das nicht ganz normale ... . „

Dreht sich auf die andere Seite zur Nutte Silvia, die Arme abgewinkelt, die Hände zeigen nach oben. Nach der Drehung befinden sich seine Hände knapp seitlich, bzw. knapp unterhalb der Brüste von Silvia. Da dies natürlich nur in der Drehung <zufällig> passierte, ist es ihm peinlich. Ganz im Gegensatz zu Silvia, diese lächelt ihn nur auffordernd an und streckt sie ihm noch weiter entgegen. Pas. kurz stutzig, da steht er nun, seine Hände unter ihren Brüsten, der Blick ebenfalls auf diese gerichtet. Er reißt sich nach einer kurzen, verlegenen Pause wieder zusammen.

Pas: „Schau`n sie." ergreift beidseitig ihre Oberarme, „Sind das nicht ganz normale Arme, Arme die wir alle haben. Wir Menschen sind doch ..."

Wird unterbrochen, die Nonne in ihrer schwarzen Pracht betritt die Bühne. Einen Talar in ihren Händen haltend.

Non: „Herr Pastor, wo bleiben sie denn? Die Gemeinde wartet schon voller Ungeduld auf die Predigt."

Nonne hilft dem Pastor in den Talar.

Pas: „Ist ja schon gut. Kommt ihr Schäfchen."

Die Schäfchen plus Nonne gehen von der Bühne ab. Der Pastor dreht sich schon, will ebenfalls gehen. Wird jedoch aufgehalten, da er damit beschäftigt ist seinen Talar zuzuknöpfen. Endlich fertig, sieht er wieder ins Publikum.

Pas: „Ach ja - eines wollte ich noch sagen. Seitdem ich einen Freund gefunden habe, einen wahren Freund, habe ich keine Atemnot mehr."

Geht ab.

Ende

Szene 13

Nur der Herr Josef erscheint auf der Bühne. Er hält eine Seite der Tafel. Der Herr Karl ist noch nicht sichtbar. Man hört nur seine Stimme und sieht, wie die noch nicht sichtbare andere Hälfte auf den Boden gestellt wird. (Schräglage der Tafel)

Karl: Schnaufend aus dem Back. „Naa – aus, i koann nimmer, es reicht!"

Josef: „Koarl kumm, reiß di zoamm. Is eh die Letzte, des pack ma` a no!"

Der Herr Karl reißt sich zusammen. Sie schleppen die Tafel mit der Aufschrift: **Der Seelenfänger** auf die Bühne und stellen diese ab. Der Herr Karl wischt sich mit seinem Taschentuch den Schweiß von der Stirn.

Karl: „So, jetzt is oba boid a End von der Schindarei. Mei Frau hot mi grod augruafn, die Suppn und mei Schnitzl woartn scho am Tisch. Und der Anzige, der no net am Tisch sitzt, bin i." Sieht auf seine Armbanduhr. „Um die Zeit hot sogoar mei Hund scho gfressn." Winkt ab, „Najo – is wurscht, des Schnitzl is eh scho koit, im Gegensatz zu meina Frau."

Josef: Schod da eh nix, bist eh z`blad."

Koarl reibt mit der verkehrten Hand im Spaß auf.

Karl: „I werd da gebn – eh z`blad."

Plötzlich sind Geräusche hinter der Bühne zu hören.

Josef: „Koarl schnö schnö. Hearst as, do kummt scho da Nächste!"

Beide stemmen die Tafel hoch und gehen ab. Der Herr Karl, leise in seinen Bart replizierend.

Karl: "Schnö schnö, des is a Tschoch. Hättst wos gscheits glernt, warast jetzt net beim Theater."

13. Der Seelenfänger

Darsteller: 2 Personen

        1te Person = Seelenfänger (männlich) = Seelf.

        2te Person = Buchhalter (männl./weibl.) = Buch.

Ort: Bühne

Requisiten: 1 Schmetterlingsnetz (Stange mit Käscher),
1 Fliegenklatsche, 1 größeres Gurkenglas mit noch
gut sichtbarem Gurkenaufkleber, 1 Liste mit
Kartonunterlage, 1 Klammermaschine, 1 Handy.

Kleidung: Seelf. - schwarzer Anzug, schwarzes Hemd, schwarze
Schuhe, schrille Krawatte (gelb, orange ...)
Buchh. - weißer Anzug, schwarzes Mascherl oder
Krawatte.

Beschreibung: Seelf. Charaktere der Person: Statur am besten
hager, lacht fortwährend, ein spitzes, helles, auf jeden Fall ein
markantes Lachen, es soll „schräg" klingen, der Blick meistens
zusammengekniffen, scharf, unstet, suchend, oft hektisch,
jedoch die Aussprache teilweise laaanggezooogeen.

Der Seelenfänger kommt auf die Bühne, das Schmetterlingsnetz
in der Rechten, das Gurkenglas in der Linken. Huscht umher,
sieht suchend in die Runde, Blick zusammengekniffen, gebückt,
sprungbereit.

Seelf.: „Ja wo seid ihr denn? Kommt heraus - zeigt euch, kommt
nur - kommt!" Entdeckt etwas. „Ha." Ein Satz nach vor, das Netz
fährt nieder, wackelt damit herum. „Zappel nur, du entkommst

mir nicht!"

Zieht das Schmetterlingsnetz auf den Boden, kniet sich mit einem Bein auf die Stange. Öffnet das Gurkenglas und stellt es auf den Boden. Hebt ganz vorsichtig den Käscher (Schmetterlingsnetz) an und schaut dicht am Boden hinein, greift vorsichtig unter das Netz. Tut so, als ob etwas zu entkommen sucht, greift mit den Händen nach, liegt oder kniet am Boden, tut so als hätte er etwas gefangen, rutscht auf den Knien zum Gurkenglas.

Seelf.: „Hab ich dich. Ich sagte ja es nützt nichts - hinein mit dir!"

Stopft die Seele hinein. „Wirst du wohl drinnen bleiben." Sie entkommt jedoch, der Seelf. springt auf. „Verdammt - wo bist du?" Sieht durch seine gespreizten Beine (Rtg. Publikum), richtet sich auf, wirbelt herum. Sein Kopf geht auf und ab, wie wenn er eine hüpfende Seele verfolgen würde. Der Blick wird schärfer, schleicht sich auf Zehenspitzen an, nimmt die Fliegenklatsche aus dem Sakko und schlägt laut auf den Bühnenboden.

Seelf.: „Klatsch - du kleiner Racker - he he he ..."

Steckt die Fliegenklatsche wieder ein und nimmt mit Zeigefinger und Daumen die kleine, betäubte Seele. Geht zum Gurkenglas und lässt sie im Stehen ins Gurkenglas fallen. Sieht noch ein bisschen hinunter, so wie wenn man über ein Fensterbrett in die Tiefe sieht.

Seelf.: „Plumps, he he he - und eine mehr."

Schraubt das Gurkenglas zu, holt den Käscher und sieht ins Publikum.

Seelf.: „He he - kennen sie mich nicht? Das sollten sie aber - denn ich bin der Seelenfänger. Ich fange verdorbene, von Neid, Hass, von Gier zerfressene Seelen. - Aaaah -."

Sieht suchend ins Publikum, fuchtelt mit dem Käscher herum.

Seelf.: „Und ich seehee auch schon ein paar angeschwärzte Seeelen, he he he ...., da und dort," kneift die Augen zusammen. „Jaa jaa - macht nur die Augen zu - ich komme euch schon holen - he he he ..."

Der Buchhalter betritt die Bühne. Eine Liste/auf einer Schreibunterlage und einen Kugelschreiber in Händen.

Buch.:„Seelenfänger," blickt auf die Liste, „laut unseren Aufzeichnungen hast du eine falsche Seele gefangen."

Seelf.: Sieht ihn an. „Neein neein - das kann nicht sein - ich fange nur böse Seelen."

Buch.:„Hier steht." Liest vor. „Vorschriftswidriges Verwahren einer guten Seele, Aktenzahl 6213. - Ooh ooh - vertreten durch Dr. Engl. Das ist ein ganz Gefinkelter, der macht uns wieder den halben Himmel rebellisch. Oh Gott - das ist doch dieser sprachgewandte Eiferer. Neeiin - nein, nicht schon wieder deer! Wenn der antanzt ist bei uns die Hölle los - und der ganze Schreibkraam ... ."

Der Buchhalter sieht von der Liste auf, Stimme fordernder.

Buch.:„Also mach keine Mätzchen und rück die Seele raus - sofort - oder ...!"

Seelf.: Oder was ...?"

Buch.:„Oder du bist deinen Job los und wanderst zurück."

Deutet wie ein römischer Imperator mit dem Daumen nach unten.
Der Seelenfänger legt den Käscher auf den Boden, schnappt sich das Gurkenglas, presst es an seinen Körper, windet sich, schleimt.

Seelf.: „Auf keinen Fall - was ich einmal gefangen habe, lasse ich nicht mehr frei – neeein."

Buch.:„Willst du, dass ich oben anrufe?" Nimmt ein Handy aus der Sakkotasche. „Eigentlich habe ich keinen Bock darauf," sieht ins Publikum, „dieser Verwaltungsaufwand ist die Hölle." Wählt mit einer Hand, „Vorwahl 0930 ...."

Bricht plötzlich ab und sieht den Seelenfänger forschend an.

Buch.:„Weißt du was, ich mache dir einen Vorschlag. Wir sehen gemeinsam in deinem Gurkenglas nach, ob du eine gute Seele gefangen hast."

Seelf.: Widerwillig, sich streubend, windend. „Na guut - aber nur kurz."

Macht den Deckel auf, beide sehen hinein.

Seelf.: „Siehst du - es ist keine drinnen."

Will das Glas wieder zuschrauben.

Buch.: Halt halt - schau - na daa schau." Zeigt mit dem Zeigefinger hinein „Da sitzt doch eine - ganz hinten in der Ecke. Na da - siehst das nicht, ganz verschreckt is." Spitzt die Lippen, beruhigend. „Zs zs - keine Angst ich bin ja schon da meine Kleine. Schau wie`s zittert, die Arme."

Seelf.: Derb, genervt. „Wooo?"

Buch.: Ungeduldig. „Also Schluss jetzt. Entweder du lässt sie frei - oder ...." Hebt das Handy. „Naaa."

Seelf.: Widerwillig. „Naa guut," greift hinein, „da hast du sie." Übergibt sie dem Buchhalter.

Buch.: „Danke!" Klammert sie mit einer Klammermaschine am Protokoll fest, zufrieden, erleichtert, bestätigend. „So das hätt` ma."

Seelf.: „Hoppala. Verdammt!" Spielt, als ob noch eine weitere Seele entfleucht ist. „Das hast du nun davon, jetzt ist noch eine schwarze Seele entwischt – verdammt." Zappelt herum (die Seele ist in der Hose) „Ha - wie das kitzelt - dieses Luder, dieses kleine."
Greift sich mit einer Hand in die Hose. Mit der anderen Hand stellt er das Glas auf den Boden und hält anschließend einen Teil seines Hosenbeines zu.

Seelf.: „Schau nicht so belämmert - hilf mir gefälligst!"
Der Buchhalter legt alles auf den Boden und hilft dem Seelenfänger, die schwarze Seele wieder einzufangen. Der Buchhalter greift von unten in das Hosenbein.

Buch.: „Da - da - ich spür sie - na wirst du stillhalten - jaa - jaa -, bleib ruhig du Biest – aua." Zieht die Hand raus und steckt einen Finger in den Mund, schüttelt seine Hand. „Jetzt hat mich das Luder gebissen," greift wieder in das Hosenbein, „aber jetzt - jetzt ich hab sie."
Stopft sie in das Gurkenglas, schraubt den Deckel zu. Wischt sich mit dem Handrücken über die Stirn.

Buch.: „Pff - geschafft - zum Glück! Nicht auszudenken, wenn …" Nimmt seine Sachen vom Boden. „Naja ist ja noch einmal gut gegangen. Und nun zu dir - wenn du noch einmal ohne einen Bescheid, also unbefugt eine weiße Seele fängst - muss ich Meldung machen – verstanden." Geht ab.

Seelf.: Sieht ihm verächtlich nach. „Weißer Schnösel du - dich krieg ich auch noch." Sieht zufällig auf den Boden. „Ha." Tritt gut hörbar mit einem Schuh darauf. „So - plattgemacht - he he." Hebt sie mit spitzen Fingern auf, sieht sie an. „Schon wieder eine." Steckt sie in seine Sakkotasche, klopft leicht und zufrieden darauf, lächelt hämisch. „Und duu - schläfst jetzt ein bisschen."

Klopft noch 2-3 mal, diesmal fest und laut, auf seine Sakkotasche.

Seelf.: „Warum seht ihr mich so an? Die Vorverurteilung springt mir ja geradezu ins Gesicht. Derweilen seid ihr diejenigen die nichts zu befürchten haben." Kneift wieder die Augen zusammen, streckt suchend und schnuppernd seinen Kopf nach vor, die Stimme heiser, drohend. „Aber Voorsiicht - ich rieche verlorene Seelen und schwupp," typische Handbewegung, wie wenn er etwas stehlen würde, „und ich hab sie -," streckt den Oberkörper noch etwas nach vor, „- DICH!"

Klopf wieder 2-3 mal fest auf seine Sakkotasche, in der sich die kleine betäubte Seele befindet. Sieht prüfend ins Publikum. Winkt ab, sieht schräg nach oben, seine Mimik und Ausdrucksweise wird untypisch liebevoll.

Seelf.: „Aber was red ich, euch geht es ja gut, ihr habt ja noch eine Seele. Ihr könnt sie noch formen, die schwarzen Flecken ausradieren, tilgen." Sieht wieder ins Publikum, auffordernder Befehlston. „Also sitzt hier nicht so mieselsüchtig, so steif und todernst herum." Geht leicht beschwingt hin und her. „Sondern fühlt wie die Blüte der Liebe eure feste, erstarrte Hülle zerbricht - zerbröselt. Nehmt zart die

Hand eures Liebsten. Lasst es erblühen - dieses Gefühl - nützt die kostbare Zeit die euch noch bleibt." Nachdenklich. „Schenkt den Fremden, euren Nachbarn ein Lächeln und auch deine Seele wird lächeln - dein Ich. - Nur eeein Lächeln, eines - du wirst es zurückbekommen, hundertfach im Leben. Glaubt mir, ihr werdet sehen - ein ehrliches Lächeln kann ansteckend sein."

Sein Blick wird wieder ernst und schärfer.

Seelf.: „Und ihr werdet nicht so enden wie ich, wie ich früher einmal war." Sieht nachdenklich und starr, leicht gebrochen. „Ein ruheloser Seelenfänger ohne Gewissen - ohne eine eigene Seele."

Wird wieder so wie am Anfang, scharfer Blick, suchend, drohend, zynisch. Streckt wieder den Kopf in Richtung Publikum.

Seelf.: „Also gebt Acht wenn ihr wieder böses vorhabt, - dann wird eure Seele schwarz - raabenschwarz, - und dann bin Ich daa - eines Nachts - und hole DICH - he he he."

Das Licht wird düsterer, er nimmt langsam, gebrechlich, müde, seine Sachen und geht in Rtg. Bühnenausgang.

Seelf.: „Und ich bin müde - soo müde ... "

Dreht sich kurz davor noch einmal um, Stimme krächzend.

Seelf.: „Schau in den Spiegel deiner Seele - und du weißt - ob ich dich bald holen werde - he he he."

Hält sein Gurkenglas hoch und schüttelt es. Sein markantes, heiseres Lachen ist auch noch nach seinem Abgang zu hören. Es wird immer leiser und leiser.

Ende

14. Der Beitrag

Darsteller: 1 Person = Pers. (männlich/weiblich)
(1 Musiker falls notwendig, männlich/weiblich)

Ort: Bühne

Requisiten: 1 weißer Pappkarton (ca. 80x40cm oder größer),
1 schwarzer Filzschreiber (mit dicker Mine),
1 Klavier oder 1ne Gitarre (kann bei Bedarf auch
von einer 2ten Person gespielt werden.

Person betritt die Bühne, ausgeglichen, gut gelaunt. In einer Hand hält er einen weißen Pappkarton, nicht zu klein, ca. 80x40cm oder größer. In der anderen einen Filzschreiber.
Er kommt auf die Bühne, fällt auf die Knie und beschriftet auf dem Boden das Schild mit der Aufschrift: >Der Beitrag<. (Bitte groß und deutlich schreiben) Er steht auf, steckt den Filzschreiber ein, zeigt den Pappkarton dem Publikum.

Pers: „Ich begrüße sie. Der Herr Josef bat mich ihnen dies zu zeigen."
> Sieht auf >das Taferl<, liest interessiert und nachdenklich vor.

Pers: „Der Beitrag."
> Stellt das Taferl weg, geht nachdenklich auf und ab, >setzt sich in Szene<, sieht herausfordernd ins Publikum, leicht provozierend.

Pers: „Es ist schon interessant. Jeder Mensch hat in einer Gemeinschaft einen Beitrag zu leisten, damit diese Gemeinschaft auch die Möglichkeit hat zu funktionieren."
> Künstlerische Pause, nachdenklicher Blick.

Pers: „Jeder hat seinen Beitrag zu leisten – und so auch ich. Aber wie sollte dieser Beitrag ausschauen - soll ich vielleicht tanzen?"

Tanzt und summt eine Melodie dabei. (Steppen wäre noch besser)

Pers: „Soll ich einen Handstand machen?"

Führt ihn aus, steht wieder, nachdenklich. (Optional kann man natürlich auch eine andere Handlung durchführen, jedoch hat der untere Satz dann keinen Sinn.)

Pers: „Komisch - jetzt hab ich einen Handstand gemacht - und die Welt ist immer noch nicht besser geworden."

Pers: „Soll ich vielleicht beten."

Faltet die Hände zum Gebet, sieht nach oben.

Pers: „Oder soll ich vielleicht ein Gedicht vortragen - „

Bleibt stehen und deklamiert.

Ein Abend auf dem Lande

Und wieder geht ein Tag zur Neige,
die Schatten werfen weit ihr Kleid,
die Sonne in besond`rer Weise -
erstrahlt zur Abendzeit.

Das Licht bricht sanft - durch grüne Wälder,
das Rauschen streicht - durch weite Felder,
der Bauer - schalt` in Traktor aus -
und geht zaus - aus.

Pers: „Oder soll ich vielleicht etwas singen?"

Singt, irgendwas ...

Künstlerische Pause. Nachdenklicher, leicht scharfer – forschender Blick.

Pers: „Sie sehen mich so fragend an? Ich frage SIE - jaa wie soll denn nun dieser Beitrag für die Gemeinschaft aussehen?"

Geht langsam auf und ab, sieht ab und zu fragend in Rtg. Publikum.

Pers: „Nein, das alles ist nicht wichtig."

Schüttelt nachdenklich den Kopf.

Pers: „Ich muss nicht tanzen können –
ich muss keinen Handstand machen können –
ich muss nicht beten können -
ich muss keine Gedichte schreiben können –
ich muss auch nicht singen können.
Es gibt nur eins - was ich können muss - was wirklich wichtig ist.
Wichtig ist - sich seinem Gegenüber - was es auch immer sei - in einer solchen Weise zu verhalten - als sehe man in einen Spiegel - als wäre man es selbst."

Künstlerische Pause.

Pers: „Schau in den Spiegel deiner Seele - was siehst du -
eine Fratze - oder ein Lächeln ?
Danke - guten Abend!"

Nicht übertriebene, höfliche Verbeugung.

Ende

Epilog

Schlusszene oder >Die Verbrüderung<

Personen: 1 Pianist/in
     1 Sängerin
     1 Bongospieler
     & das gesamte Ensemble

Nach der letzten Szene: >Der Beitrag<, kommt der Pianist und die Sängerin auf die Bühne. Das Klavier befindet sich in der linken/ rechten Ecke, im hinteren Randbereich der Bühne.
Während das Lied „Ave Maria", (Franz Schubert) vorgetragen wird, kommen alle Schauspieler auf die Bühne. Ein Teil hat die Aufgabe von der Bühne herunterzukommen, um ein paar Menschen aus dem Publikum zu rekrutieren, sie einzuladen an dem nun folgenden >Tanz< mitzuwirken. (Wird nachstehend erklärt)
Der andere Teil des Ensembles, wird für die Instruktion der ausgewählten Zuschauer und für die Einteilung benötigt.
Zur gleichen Zeit bezieht der Bongospieler in der verbleibenden Ecke, im Hintergrund Stellung.

>Der Verbrüderungstanz<

Nachdem das >Ave Maria< ausgeklungen ist, beginnt der Bongospieler nach einer angemessenen Pause, die Anwesenden auf seinem Instrument mit afrikanischen Klängen, Musiktropfen gleich, zu berieseln.
Das auf der Bühne befindliche Ensemble und das >auserwählte< Publikum, bilden zwei sich gegenüberstehende >Verbrüderungslinien<.

Sobald die Rekrutierung aus dem Publikum vollendet ist, beginnt der erste links oder rechts außen Stehende, auf jeden Fall ein Ensemblemitglied, jener dieses Ritual schon kennt. Er/Sie tanzt im Rhythmus des Bongospielers auf sein Visavis zu und vollführt das einfach für jeden nonverbal leicht verständliche Ritual der >Umarmung<.

Man tanzt also der Reihe nach zu seinem Visavis, legt den Arm um sein Gegenüber oder reicht ihm die Hände und übergibt dem Nächsten somit den Tanz. Damit lässt man ganz einfach zu, durch ein harmonisches Miteinander, einen anderen Menschen in seine eigene >heilige< Aura eindringen zu lassen. Abwechselnd tanzt der Nächste zu seinem Visavis und vollführt dasselbe Ritual, bis die Reihen durchtanzt sind. Die >noch nicht Abgeholten<, stehen solange ruhig, bis sie durch die >Umarmung< sozusagen erlöst werden. Danach wäre ein, im Sinne der Musik, rhythmisches in die Hände klatschen und rhythmische Körperverrenkungen, für die >Harmonisierung< des Ganzen von Vorteil. So entsteht aus dieser anfänglichen Erstarrung, ein neues, philanthropisches, wundervoll bewegliches Bild, befreiender Zusammengehörigkeit.

Danach drehen sich die mit dem Rücken zum Publikum stehenden >Brüder & Schwestern< um. Die zweite Reihe kommt nach vor und bildet nun eine gemeinsame Menschenkette. Alle reichen sich die Hände und verneigen sich.
Da man normalerweise nicht verkehrt zum Pblikum steht, muss die erste Reihe nicht unbedingt von Anfang an mit dem Rücken zum Publikum stehen, da jeder Mensch ja sowieso >abgeholt< wird.
Eventuell ließe sich diese Szenerie in etwas abgeänderter Form

(Mobiliar) auch im Publikum fortsetzen.

Dieser Tanz signalisiert ein harmonisches Miteinander. Jeder schließt Frieden mit sich und seinem Gegenüber. Es soll hier mit einfachsten Mitteln ein Näherkommen, ein sich >Nähertanzen< stattfinden. Sozusagen ein tanzender kommunikativer Dialog des Vertrauens. Es soll die Gräben (wie schon im Prolog geschildert) zwischen den Menschen ebnen. Ein spielerisch, physisches und psychisches aufeinander Zugehen, Abtasten. Es ist ein Tanz der Menschen. Ob groß oder klein, dick oder dünn, schwarz oder weiß, Akteur oder Zuseher, Arbeiter oder Akademiker ...
Es soll die Kluft des Nichtverstehens, die Kluft der Verschiedenheiten weichen, um Platz zu schaffen für eine Möglichkeit des aufeinander Zugehens, des Kennenlernens, um dadurch eine bessere Akzeptanz des angstbringenden, verunsichernden Fremden zu ermöglichen. Um die eigenen Ängste aufzubrechen und festzustellen, dass die subjektive Empathie fast immer falsch ist. Darum auch die differenzierte musikalische Darbietung in der Schlussszene.

Um den ehrlichen Grundgedanken dieses Stückes auch >zu leben< und nicht nur >zu spielen<, ist es wünschenswert, wenn man dem Publikum mitteilen würde, wo das Ensemble nach der Aufführung weiterfeiert und sei es nur einen Zeitraum vor Ort, wenn eine solche Feier nicht den Rahmen der privaten oder örtlichen Möglichkeiten sprengen würde.
Die Aussage dieses Stückes würde durch solch ein >Entgegenkommen< enorm an Glaubwürdigkeit gewinnen. Die Gefahr der geistig-genrespezifischen Inzucht weicht der einmaligen Gelegenheit, sich auch mit anderen Lebensmustern, in welcher lustbringenden Form auch immer, vereinigen zu können. Man vergibt sich dadurch nicht die Möglichkeit, die positive wie auch negative

>Einzigartigkeit< eines anderen Menschen kennenlernen zu dürfen. Und wer weiß, vielleicht ist es auch ein neuer Anfang - der erste Schritt ins Glück ...
Ich rufe euch nicht zu - „I love you" - sondern liebt euch selbst, denn erst dann seid ihr imstande einen Anderen zu lieben.

Nichtsdestotrotz - I love you too - Euer Michael Eisner.

Wahlweise Besetzung der Schauspieler/innen.

Nach jeder Szene erfolgt ein >Schauspielerwechsel>.

Mindestanzahl der Darsteller bei weiblichem Schwerpunkt:
  3 weibliche Akteure
  5 männliche Akteure

Mindestanzahl der Darsteller bei männlichem Schwerpunkt:
  2 weibliche Akteure
  5 männliche Akteure

	männlich	weiblich
1. Einsamkeit		
1 od. 2 Personen (männlich/weiblich)	1	(1)
2. Die Maske		
2 Personen (männlich)	2	
3. Vorsätze		
4 Personen (3 Personen männlich)	3	1
(1 Person weiblich)		
(oder 1 Person/Arbeiter, männlich/weiblich)	(2)	(2)
4. Der Käfig		
2 Personen (1 Person männlich)	2	
(oder 1 Person männlich/weiblich)	(1)	(1)
5. Der Schraubstock		
1 Person (männlich/weiblich)	1	(1)
6. No Fear		
2 Personen (männlich)	2	
7. Das Foto		
1 Person (weiblich)		1

8. Das Rendezvous
2 Personen (männlich/weiblich)   1   1
9. Alzheimer
1 Person (männlich/weiblich)   1   (1)
10. Der Tod
2 Personen (1 Person männlich)   1   1
          (1 Person weiblich)
11. Der Regenwurm
1 Person (männlich)   1
12. Atemnot
4 Personen (2 Personen weiblich)   2   2
          (2 Personen männlich)
13. Der Seelenfänger
2 Personen (2 Person männlich)   2
          (oder 1 Person weiblich)   (1)   (1)
14. Der Beitrag
2 Personen (2 Personen weiblich)   2
          (oder 1 Person männlich)   (1)   (1)

Index

Pause

Spiegelbilder

Theaterstück in 14 Szenen

112 Seiten

ISBN 978-3-7347-4409-9

Der Zeitgeist

Drama in 2 Akten

90 Seiten

ISBN 978-3-7347-4457-0